젊은 히포크라테스를 위하여

젊은 히포크라테스를 위하여

지은이 정준기
펴낸이 성낙인
펴낸곳 서울대학교출판문화원

초판 1쇄 발행 2011년 8월 10일
초판 7쇄 발행 2019년 1월 31일

출판등록 제15-3호

주소   08826 서울 관악구 관악로 1
대표전화 02-880-5252   팩스 02-888-4148
홍보마케팅팀(주문 상담) 02-889-4424, 02-880-7995
이메일   snubook@snu.ac.kr
홈페이지 www.snupress.com

ⓒ 정준기 2011

지은이와 협의하여 인지는 생략합니다. 잘못된 책은 바꾸어 드립니다.
이 책의 무단 전재나 복제 행위는 저작권법 제98조에 따라 처벌받게 됩니다.

ISBN 978-89-521-1217-0   03810

젊은 히포크라테스를 위하여

정준기 산문집

서울대학교출판문화원

프롤로그
히포크라테스를 꿈꾸는 이들에게

마로니에 잎이 한창인 1971년 봄, 신입생으로 동숭동 캠퍼스에 온 이후 지금까지 40년을 한곳에서 보내고 있다. 서울대학교가 관악으로 이전하기 전이어서 문리대 의예과에서 2년을 보내고, 의대 본과 4년과 전공의 5년을 대학로에서 바쁘게 보냈다. 군복무도 근처에서 했고 의과대학에 복귀해 지금까지 지내오고 있다. 같은 공간에서 젊은 시절과 중년의 대부분을 보낸 흔치 않는 인생살이다.

한 길만을 걸어오면서 학교와 의료 현장에서 느꼈던 일들이 제법 있었다. 병원 과장직을 마치고 다소 한가해진 요즘, 의사를 꿈꾸는 이들에게 도움이 될 만한 생각과 생활에 관한 글을 한두 편씩 적어두기 시작했다. 나 자신과 우리 세대의 생각과 경험, 실수와 고민을 함께 나누고 싶었다. 또 의학도로서의 성장 과정과 생각을 일반 독자와 공유하면 좀 더 소통과 이해가 있는 따뜻한 의료 환경이 만들어질 것이라는 생각도 있었다. 이 책에는 외길 인생을 살아오면서 세상사에 대해 품은 여러 단상斷想이 녹아 있다. 내가 살아온 삶이, 그 경험이 히포크라테스를 꿈꾸는 젊은이들에게 도움이 되었으면 하는 바람이다.

나는 학술논문 외에는 다른 글을 써 본 적이 없다. 10여 년 전에 인도 타지마할을 여행했을 때 우아한 건축물과 그 아름다운 내력에 감흥을 받아 기행문을 적은 것이 처음이다. 그때부터 병원이나 일상생활에서 생긴 에피소드와 생각을 두서없이 적어 왔다. 글을 전자메일로 여러 사람들과 열람하면서 호응이 있었고, 특히 은사이신 고창순 교수님이 격려해 주셔서 글을 계속 쓸 수 있었다. 전문 작가가 아니다 보니 문장이나 문법에 오류가 많아 이를 교정하는 데 조광현 교수와 김영임 교수가 많은 도움을 주었다.

이 책을 발간하는 데 도움을 주신 서울대학교출판문화원의 김종서 원장님과 형난옥 운영본부장님께 감사드린다. 이 책은 내 개인으로도 큰 의미가 있다. 근 60년 삶의 자취가 담겨 있기 때문이다. 그 오랜 시간을 함께 걸어온 아내와 깊은 영향을 준 우리 부부의 부모님께 이 책을 바친다. 특히 하늘에 계신 아버님과 장인어른이 좋아하시리라.

2011년 7월
대학로에서 정준기

# 차례

프롤로그 — 히포크라테스를 꿈꾸는 이들에게 / 004

 ## 배우며 사랑하며

책을 좋아하던 소년, 의대에 가다 · 012

미라보 다리 아래 센 강은 흐르고 · 018

과외 선생과 여제자 · 025

이루어질 수 없는 사랑 · 029

치열하게 그러나 즐기면서 공부하라 · 035

새로운 분야에 첫발을 · 041

전공의에게 필요한 모든 것 · 045

'동위방'에서 일어난 일 · 052

무의촌에서 보낸 반년 · 057

미국에서 만난 소중한 인연 · 063

더 넓은 세상에서 더 많은 경험을 · 069

의사의 길로 들어서다

잊지 못할 환자 · 080

의사는 신이 아니다 · 085

지킬 박사와 하이드의 비밀 · 089

대통령의 삼촌과 오렌지주스 · 094

오진을 피하는 법 · 099

진정한 명의가 되기를 소망하라 · 103

한국의 슈바이처, 장기려 박사 · 108

나에게는 아직 할 일이 남아 있다 · 114

가르치기 전에 보여 주라 · 119

이판과 사판 · 122

핵의학과 소중한 인연

한국 핵의학의 할아버지 · 126
든든한 버팀목, 고창순 교수님과의 인연 · 132
'찔러 홍'이라 불리는 선배 · 137
핵의학계의 글로벌 리더, 이명철 교수님 · 142
북한 핵의학자와의 은밀한 만남 · 146
아시아에 핵의학의 미래를 심다 · 153
방글라데시의 카림 박사 · 158
기다려지는 크리스마스카드 · 163

 **사색하고 나누는 즐거움**

피드백의 효과 · 170

성공하고 싶다면 간절히 원하라 · 175

야구, 내 인생의 오아시스 · 179

자유에서의 도피 · 185

에리히 프롬과 아가씨 · 189

자유를 향한 머나먼 여정 · 193

굿바이 미스터 칩스 · 200

아름다운 인연에 신의 축복을 · 204

짧게 피는 꽃이 아름답다 · 211

사회생물학으로 본 오빠부대 · 215

에필로그 — 다시 출발점에 서서 / 219

추천의 글 — 깨끗한 영혼의 상념 / 조맹제 · 221
　　　　　　— 정준기 산문집에 부쳐 / 조광현 · 223

배우며 사랑하며

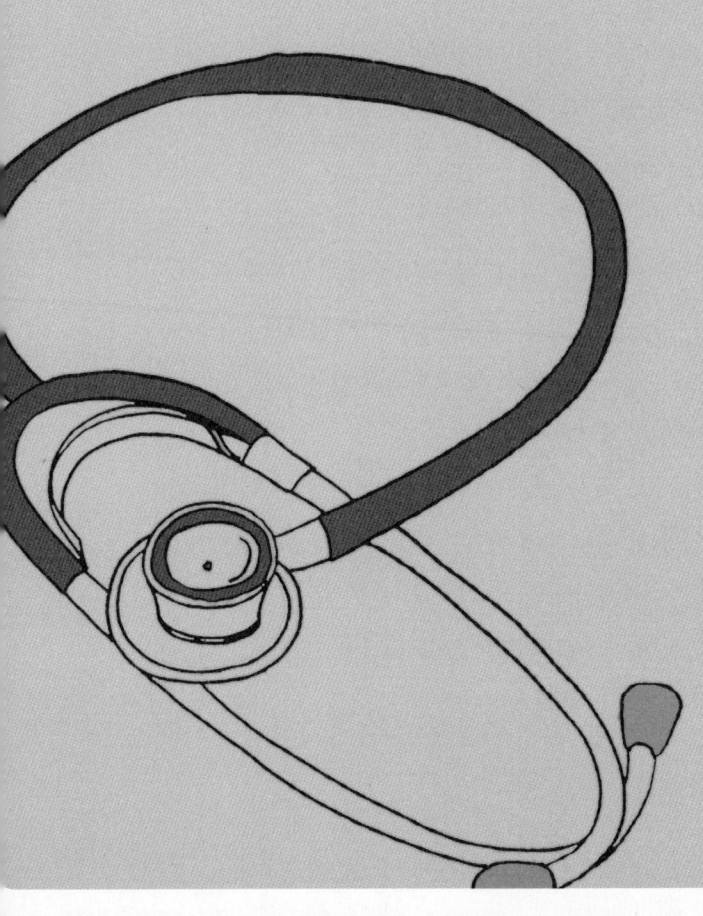

책을 좋아하던 소년, 의대에 가다

어린 시절 나는 그리 명석한 편은 아니었다. 보통 사람보다 지능지수가 조금 높을지는 몰라도 특별히 뛰어난 편은 아니었고, 암기력이나 이해력이 우수하지도 않았다. 이런 내가 대학에서 학생들을 가르치고 몇 개의 학술상을 받은 것은 내 생각에도 의외이다.

내가 책을 접하기 시작한 것은 초등학교 1학년 때였다. 그때는 일부 아이만 유치원에 다녔고, 나를 비롯해서 대부분은 초등학교에 들어가서야 본격적으로 책을 대하기 시작했다. 자녀 교육에 열성인 어머니는 교실 뒤에 서서 수업을 함께 들으셨고, 나는 어머니와 매일 집에서 복습을 했다. 어머니는 집에서도 의자에 바르게 앉은 채로 책을 보게 하셨다. 그런 정성이 효과가 있었는지 점차 공부에 재미를 붙여 1등도 하고, 몸집은 작았지만 반장도 했다.

책을 읽고 있으면 어머니는 많은 것을 눈감아 주셨다. 밥을 안 먹거나 밤늦게까지 책을 보더라도 혼나지 않았다. 또 만화, 소설,

잡지 등 무슨 책을 보아도 크게 상관하지 않으셨다. 그러다 보니 자연스럽게 책을 가까이하게 되었고, 학년이 올라가면서 독서는 습관으로 굳어졌다. 지금도 어떻게 하면 공부를 잘할 수 있느냐는 질문을 받게 되면 자리에 오래 앉아 책을 보는 습관을 기르라는 말을 해주곤 한다. 책의 종류는 중요하지 않고 책상에서 책을 읽는 훈련이 더 중요하다는 생각에서다.

당시 친구 중에 잘사는 아이가 있었는데, 그 애의 집에는 수십 권짜리 아동문고전집이 있었다. 나는 어린 맘에 그 책이 읽고 싶어서 날마다 놀러가곤 했다. 결국 친구가 읽지 않고 둔 그 책들을 며칠 만에(!) 읽어 버렸다. 학기가 시작할 때면 학교에서 교과서를 나누어 주었는데, 나는 그날을 손꼽아 기다리곤 했다. 새 교과서를 받아온 날이면 진한 잉크 냄새를 맡으며 밤늦게까지 읽었다.

당시에는 중학교에 진학할 때도 입학시험을 봐야 했다. 좋은 학교에 진학하려는 경쟁도 치열해서 160점 만점인 중학교 입학시험에서 155점 정도가 되어야 소위 말하는 '일류 중학교'에 들어갈 수 있었다. 다섯 개 이상 틀리면 일류 중학교에 대한 꿈은 접을 수밖에 없었다. 그래서 초등학교 6학년 학생들은 교과서 내용을 외우다시피 했고, 전과(교과서에 대한 해설서)와 수련장(문제집)에 줄을 그어 가며 열심히 공부했다.

나는 중학교 입학시험에 나온 '실과' 문제 하나를 지금도 생생하게 기억한다. 재활용에 관한 보기 가운데 바른 것을 모두 고르는 문제였다. 보기에 '부서진 우산으로 저금통을 만든다'는 항목이 있었고 처음에는 당연히 오답으로 표시했다. 그러나 시간이 남아 문제를 검토하면서 이 항목을 다시 곰곰이 생각해 봤다.

그 시절에는 일회용 우산이라 하면 지금처럼 버젓한 것이 아니라 대나무로 만든 우산대와 살에 하늘색 비닐을 씌운 것이었다. 부서진 우산대의 대나무를 잘라 육각형을 만들고 그 위를 비닐로 덮으면 저금통이 되지 않을까? 저금통 입구는 칼로 비닐을 조금 잘라서 만들면 되고……. 생각할수록 이 아이디어는 실현 가능해 보였다. 고민 끝에 나는 이 창의적인(?) 아이디어를 정답으로 선택했고, 그 때문에 합격선에 0.3점 못 미쳐 아깝게 일류 중학교에 불합격하고 말았다.

우리나라에서는 예나 지금이나 일류 학교에 다니는 학생들은 좋은 직장과 배우자, 똑똑한 자식, 행복한 가정, 높은 지위가 보장되어 있는 것처럼 생각하고 인생의 승리자로 취급하곤 한다. 그래서 일류 인생의 기회를 빼앗아간 이 문제가 야속했고, 너무 비약해 버린 그때의 판단을 두고두고 후회했다.

이런 상처받은 마음을 어루만져 준 곳은 내가 입학한 중앙중학교였다. 구한말 민족 선각자들이 설립한 전통과 자부심이 가득한 이 사립학교는 우리에게 이 거친 사회를 살아가는 성숙한 태도와 진정한 리더십을 가르쳐 주었다. 학교에서는 일주일에 세 번씩 시험을 보는 등 공부도 중요시했지만 음악조회, 체육조회, 반별 캠핑, 수학여행을 통해 심신을 연마하게 했다.

그러나 서울 변두리 출신인 나는 영악하고 눈치 빠른 시내 아이들에 비해 뒤처지는 편이었다. 자연히 공부에도 관심이 멀어져 성적은 중하위권으로 떨어졌고 자신감도 없어졌다. 3학년 때였던 것으로 기억하는데, 한번은 영어 시간에 선생님이 우연히 나를 지목하여 교과서를 읽고 해석해 보라고 시키셨다. 모르는 단어도 있고 발음도 좋지 않았던 나는 적잖이 당황했고, 선생님께서는 이런 나를 야단치시기보다는 오히려 격려해 주셨다. 선생님에 대한 고마움은 잠깐이었고 어린 마음에도 나 자신이 한심하고 창피하여 얼굴이 달아올랐던 기억이 지금도 생생하다.

우수한 동급생들 절반가량이 일류 고등학교로 진학하고, 나는 본교인 중앙고등학교에 입학하였다. 나보다 우수한 친구들이 떠나는 바람에 자연히 상위권이 되었지만 이도 잠시뿐, 다시 성적이 내려가기 시작했다. 그러나 내가 잘한 일은 공부할 시기를 놓치지 않았다는 점이다. 2학년이 되면서 지금부터가 중요하다는 생각을 하게 되었고, 선배들의 경험담을 들어 보니 이때 열심히 하지 않으면 후회하게 되지 싶었다.

그 당시 우수한 지원자가 몰려 성적이 높아야 갈 수 있었던 서울공대를 삼수하고도 떨어진 형이 옆집에 살았는데, 그 형은 입시에 대한 한을 풀겠노라며 자진해서 내 공부를 도왔다. 그 형의 도움으로 나는 다른 학생들이 다소 느슨하게 보내는 시기를 열심히 공부하며 보낼 수 있었다.

노력한 보람은 1년 뒤에야 나타났다. 고등학교 3학년 첫 모의고사에서 전교 1등을 한 것이다. 수직 상승한 내 성적에 주위 사람들도 놀라고 나 자신도 놀랐는데, 나는 이때 실력은 갑자기 생기는 것이 아니라는 걸 비로소 알게 되었다. 하나하나 돌을 쌓아 거대한 피라미드를 만들 듯 꾸준히 하는 것이 중요하다는 진리를 몸소 체득한 것이다. 성적이 오른 것보다 더 소중한 것은 그때 얻은 자신감이었다. 꾸준히 하면 된다는 자신감!

그러나 막상 대학 진학을 앞두고는 고민이 많았다. 아버지는 의대 진학을 권하셨지만, 꾸준히 공부하는 것 말고는 특별한 재능이 없던 나는 적성에 맞을지 몰라서 주저하고 있었다. 그러던 중 고등학교 2학년 여름방학 때 춘원春園 이광수李光洙 선생의 〈사랑〉이라는 소설을 읽게 되었다. 이 소설은 1936년 결핵성척추염으로 경성의전 병원에 입원했던 이광수 선생이 담당 의사였던 성산聖山 장기려張起呂 박사를 모델로 집필한 것으로 알려져 있다. 주인공 안빈은 내과의원을 개업한 뛰어난 임상의사로 연구를 꾸준히 병행하여, 마침내 인간의 핏속에 있는 사랑과 증오를 조절하는 특별한 물질을 발견한다는 내용이다.

그 당시 장기려 선생은 의전 병원의 유일한 조선인 외과 교수인 백인제白麟濟 박사 밑에서 수련을 하고 있었다. 장 선생은 독실한 기독교 신자로 실력과 박애정신을 겸비해 춘원에게 깊은 인상을 주었다. 후에 서울의대와 가톨릭의대 교수를 역임하며 후학을 양성하는 한편, 한국전쟁 때 부산에 복음병원을 설립해 가난한 환자를 구제하여 한국의 슈바이처로 추앙받게 된다.

계몽주의자인 이광수 선생은 장기려 박사의 실제 모습에 살을 붙여, 주인공을 완벽한 이상형의 의사로 묘사하였다. "유명한 문학가이면서 뜻한 바 있어 의사가 되어, 환자를 잘 보는 유능한 내과 의사인 데다 탁월한 연구를 진행한다. 또한 인격적으로도 훌륭하다." 나는 이러한 안빈의 태도와 생활에 마음이 끌려서 의학을 전공하기로 결정하였다. 당시 중앙고등학교는 학교와 교사진이 합심하여 대학입시에서 좋은 성적을 내고 있었고, 그해에는 서울대학교에 1백여 명이 합격해 상위권인 나는 무난히 의대에 들어갈 수 있었다.

지금 생각해 보면 중학교 입시에서 원하는 학교에 합격하지 못한 경험이 인생에 큰 교훈이 되었다. 이런 쓰라린 경험은 나를 모든 일에서 자만하지 않고 열심히 노력하게 만들었다. 어려움과 좌절이 닥쳤을 때 이게 끝이 아니라는 생각으로 다시 일어나 도전하는 것, 그것이야말로 바로 젊음이 가진 가장 큰 힘 아닐까.

미라보 다리 아래 센 강은 흐르고

　　1970년 12월, 의예과에 입학 원서를 내기 위해 동숭동을 찾았다. 그때는 서울대학교가 관악으로 옮기기 한참 전이어서 대학 본부가 종로구 동숭동에 있었다. 두 달 후 합격 통지서를 받고 다시 서울대학교 교정을 밟으면서 느꼈던 감격은 이루 말할 수 없다. 그해 2월 무척이나 추웠던 날, 서울대학교 의대에 다니던 고교 선배들의 연락을 받고 대학로 선술집을 찾았다. 골목길 안쪽에 있는 양철지붕으로 된 허름한 식당에서 합격 축하를 받으면서 차가운 카바이드 막걸리를 만취할 때까지 마신 기억도 있다.
　　당시에 대학로는 2차선의 좁은 도로였고, 의대 맞은편인 마로니에 공원 쪽으로 개천이 흐르고 있었다. 지금은 복개되어 있지만 청계천의 지류로 폭이 꽤 넓고 물도 맑은 편이었다. 마로니에 공원에서 이화동 사거리 쪽으로 대학 본부와 문리대, 법대, 미대, 사범대 부속중학교가 개천 건너편 도로와 다리로 연결되어 있었다. 당시에는 프랑스 시인 아폴리네르의 〈미라보 다리Le Pont Mirabeau〉에 곡을 붙인 샹송이 유행해서 우리는 본부와 문리대에 있는 다리를 '미라보 다리'로, 개천은 '센 강'이라고 불렀다.

미라보 다리 아래 센 강은 흐르고
우리네 사랑도 흘러내린다.
내 마음속 깊이 아로새기리,
기쁨은 언제나 고통 뒤에 이어옴을.

손에 손을 잡고 얼굴을 마주 보면
우리네 팔 아래 다리 밑으로
영원의 눈길을 한 지친 물살이
저렇듯이 천천히 흘러만 간다.

사랑은 흘러간다. 이 물결처럼
우리네 사랑도 흘러만 간다.
삶이란 왜 이리도 더디고
희망이란 왜 이렇게 격렬한가.

나날은 흘러가고 달도 흐르고
지나간 세월도 흘러만 간다.
우리네 사랑은 오지 않는데
미라보 다리 아래 센 강은 흐른다.

밤이여 오라, 종아 울려라.
세월은 가고 나는 남는다.

교정에는 경성제대 시절 한 일본인 교수가 지중해에서 가져와 심은 마로니에 몇 그루가 있었다. 사람 손바닥처럼 생긴 넓은 겹잎을 가진 마로니에는 '나도밤나무'과에 속해 열매도 밤처럼 생겼다. 프랑스에는 이 나무가 아주 흔해서 베르사유 궁전의 거대한 정원에는 열병식을 하는 군인처럼 마로니에가 줄 지어 서 있지만, 우리나라에는 희귀하던 터라 대학본부가 있던 그곳을 지금도 '마로니에 공원'으로 부른다.

요즘은 극장과 공연장, 패스트푸드점과 카페가 즐비하고 인파로 북적이지만 당시의 대학로는 조용한 주택가였다. 도로변에 한옥집이 줄지어 있었고 다방과 음식점은 띄엄띄엄 눈에 띄었다. 젊은이들 사이에 클래식 음악으로는 무교동의 '르네상스'가, 팝송으로는 종로의 '쎄시봉'이 유명했다. 이보다는 못하지만 동숭동에는 '학림다방'과 '참스다방'이 있어 클래식 음악과 팝송을 들려주었는데 학생들은 취향에 따라 장소를 선택하곤 했다. 차 한 잔이 삼십 원 정도 하던 시절에 음악과 커피가 어우러진 음악다방은 대학생들에게 휴식처가 되어 주었다.

나는 수업이 없을 때면 문리대 건너편에 있는 학림다방에서 클래식 음악과 당시에 흔하지 않던 커피 리필 re-fill 을 즐기며 독서에 빠져들었다. 그 시절의 추억을 담은 음악다방이 하나둘 문을 닫았지만 학림에는 지금도 새로움을 느껴 보려는 젊은이들이 찾아오고, 나와 같은 연배의 사람들도 커피 한 잔에 추억이 덤으로 나오는 그곳을 찾곤 한다.

음식점으로는 1925년에 문을 연 중국집 진아춘進雅春이 있었다. 나를 비롯하여 학생들은 돈이 없을 때면 학생증이나 일제 세이코 손목시계를 맡기고 그곳에서 외상으로 밥을 먹기도 했다. 최근 안쪽으로 자리를 옮겨 새로운 외관으로 거듭났지만, 진아춘의 한쪽 벽면에는 옛날 모습이 담긴 사진이 걸려 있어 추억에 잠기게 한다.

교정에서 대학로 쪽으로는 당대 최고의 지성을 대표하던 문리대 교수들의 연구실이 있었다. 국문과의 이기문 교수, 중문과의 차주환 교수, 영문과의 송욱 교수, 불문과의 김붕구 교수, 심리학과의 장병림 교수, 철학과의 김태길, 최재희 교수 등. 나는 교양 서적에서나 접할 수 있던 교수님들의 강의를 청강하는 기쁨을 누렸다. 문학, 미학, 철학, 고고학, 동양사학 등 주옥같은 강의를 듣느라 정작 의예과 강의를 놓치는 바람에 치의예과 학생들이 듣는 강의를 들은 적도 있었다. 그래서 나를 치의예과 학생으로 오인한 사람도 있었다고 한다.

대학에 입학한 뒤 2년 동안은 독서에 몰두하였다. 학기 중에는 학교 도서관에서 밤늦게까지 책을 보았다. 책이 가득히 꽂혀 있는 열람실 서가를 보노라면 그 책들을 읽어나갈 생각에 가슴이 벅차올랐다. 대학 도서관에서 늦게까지 책을 읽다가 집에 가는 버스를 타기 위해 종로 5가까지 혼자 걸어가곤 했다. 대학로 양쪽에는 키가 큰 플라타너스가 엄숙하게 서 있고, 나지막한 소리를 내며 흐르는 개천 위에 대학으로 들어가는 다리들이 고즈넉했다. 그때 나는 하늘에 떠 있는 별을 보면서 일생 동안 독서와 학문에 열중하겠노라 결심하였다.

　방학 때는 명동 입구에서 남산으로 자리를 옮긴 국립중앙도서관에서 하루 종일 책을 읽다가 저녁노을에 물든 남산 길을 여자 친구와 함께 걷곤 했다.

　어떤 책을 봐야겠다고 마음먹고 읽지는 않았다. 책을 한 권 읽으면 내용 중에 연결이 되어, 봐야 할 다른 책이 자연히 생겼다. 새로운 책을 읽다 보면 글 속에 있는 또 다른 책과 연결되고. 이런 식으로 다양한 분야의 책을 읽어 나갔다.

　문학책으로 헤르만 헤세, 서머싯 몸, 도스토예프스키, 헤밍웨이의 소설을 읽었다. 특히 헤세의 방랑적 낭만이 가슴에 와 닿아 그의 전집은 여러 번 독파하였다. 서머싯 몸의 소설에서는 인간의 여러 유형을 파악할 수 있었고, 도스토예프스키의 〈카라마조프가의 형제들〉이 보여 준 인간의 사악성에 강한 충격을 받기도 했다.

　시인으로는 이육사와 로버트 프로스트를 좋아했다. 이육사의 시는 일제강점기에 쓰였지만 그 선구자적인 강인함은 현대를 사는 우리들에게 여전히 깊은 감흥을 준다. 전원생활에서 마주치는 일상을 독특한 관조적 성찰로 노래한 프로스트의 시는 특히 마음에 다가와 애송하였다.

　철학 분야로는 에리히 프롬, 김태길, 김형석의 책을 주로 읽었다. 에리히 프롬의 〈자유에서의 도피〉는 내 삶에 나침반과도 같은 책이다. 김형석 교수의 에세이는 주요 부분을 암기할 정도로 즐겨 읽었다. 기독교 신앙에 바탕을 둔 그의 인본주의에도 공감

했지만, 어려운 시절에 흙으로 만든 움막집에서 철학을 공부하고 집필에 힘썼던 그의 생활태도를 좋아했다. '생각은 높게, 생활은 낮게'라는 청빈낙도의 삶을 소망하게 된 것도 그의 글을 읽고서부터다.

피천득, 이양하, 김진섭과 특히 기품이 있는 김소운의 수필을 즐겨 읽었고, 자서전이나 일대기로는 간디, 김구, 베토벤, 링컨, 슈바이처 등이 독서의 대상이 되었다. 특히 간디의 자서전인 〈진리를 위한 나의 실험 The Story of My Experiment with Truth〉을 읽고는 고귀한 정신의 힘으로 대영제국의 군사력을 극복하는 과정에 경탄했다. 이러한 위대한 영혼(마하트마)은 타고나는 것이 아니라 끊임없는 연마와 자성으로 만들어지는 것을 보고 힘을 얻었다. 한번은 청계천 헌책방에서 희귀한 슈바이처 전집을 발견하고는 과외 아르바이트로 받은 돈을 털어서 구입하고 기뻐했던 일도 생각난다.

종교에도 관심이 있어서 불교 서적을 많이 보았고, 기독교의 신약성경과 초창기 원시신앙에 관한 책도 탐독하였다. 친구 아버지가 돌아가셔서 조문을 갔다가 우연히 그 집에 있는 〈논어〉를 보기 시작하여 내용에 심취해서 상갓집에서 밤을 새워 읽었던 기억도 있다.

미술책으로는 인상파 화가, 그중에서도 르노아르와 모네를 좋아해서 책을 구하려고 애썼다. 우리 전통문화에도 흥미를 가지게 되어 최순우의 책을 즐겨 읽었다. 우리나라의 자연에 대한 깊은 애정과 이해를 바탕으로 미술 작품에서 남이 발견하지 못한 아름다움을 찾아낸 그의 안목이란!

　독서와 사색을 하면서 인생관과 가치관이 점차 성숙해졌다. 나는 우리가 이 세상에 태어난 것은 우연이 아니라 불교에서 말하는 인연이라고 믿는다. 그래서 필연적으로 주어진 내 인생을 제대로 살고 싶었다. 여러 책을 읽고 또 그간의 짧은 경험으로 나름대로 인생 지침을 정하였다. '사랑과 창조'라고. 인연으로 이어진, 내가 만나는 모든 사람들을 사랑하고 싶었고, 새로운 것을 창조하는 능력을 가지고 싶었다. 나의 지식과 경험을 통해서 새로운 것을 창조함으로써 다른 이들을 이롭게 하는 것이 또 다른 사랑이라는 생각이 그 중심에 있었다.

　40년이 지난 지금 나는, 그때의 별과 다리가 사라지고 화려한 네온사인과 상점으로 가득한 대학로에 서 있다. 거리와 그곳을 분주히 오가는 사람들의 모습은 변했지만, 지금도 대학로의 도로 밑을 흐르고 있을 '센 강'처럼 독서와 학문에 대한 그 시절의 다짐이 내 안에 끊임없이 흐르고 있다.

과외 선생과 여제자

내가 대학교에 들어갈 무렵 대학생이 주로 하는 아르바이트는 중·고등학생의 공부를 가르치는 것이었다. 아버지가 회사를 퇴직하고 시작한 사업이 실패하여 그 무렵 집장사로 살림을 유지하고 있던 터라 나도 학업에 대한 부담이 적은 의예과 2년 내내 과외 지도로 학비를 벌었다.

대학교 1학년 여름방학 때의 일이다. 이웃집 형의 소개로 경기여고 2학년 학생 다섯을 가르치게 되었다. 단짝인 이들은 같이 공부도 하고 어울리기 위해서 그룹과외를 하는 것이었다. 영어와 수학을 가르쳤는데 〈성문영어〉와 〈수학의 정석〉이라는 유명한 참고서로 같이 공부하는 것이 보통 수업 방식이었다. 이미 학원에서 이 책으로 공부한 학생도 있었고, 일류 고등학교 학생이라 실력이 우수하여 가르치기는 어렵지 않았.

나는 여섯 살 때 초등학교에 입학해서 이 학생들과 실제로는 한 살 차이밖에 나지 않았다. 이들은 예의를 갖춰 나를 선생님으로 대접하긴 했지만 실제로는 오빠, 동생 정도로 지냈다. 우리 선조들은 미인의 조건으로 가늘고 길게 굽은 아름다운 눈썹과 그 사이의 넓은 이마를 들었다고 했던가. 한창 나이인 열여덟 살의, 고운 눈썹과 깨끗한 이마를 가진 이들 모두가 나에게는 다 어여쁘고 소중했다. 그때는 과외 선생과 여제자가 나중에 결혼을 해서 화제가 되는 일도 있었다.

첫 달 월급을 받고 한턱내겠다는 나에게 그들은 명동에서 생맥주를 사 달라고 했다. 일요일 오후, 짧은 머리를 감추기 위해서 머리에 수건을 두르고 사복을 입은 이들을 내 친구 여러 명이 호위하면서 맥주를 마셨다.

그들은 미팅과 동아리 활동 같은 대학생활에 대해서 호기심 어린 질문을 하곤 했다. 규율과 입시에 얽매어 있지만 1954년에 태어나 '말띠 중에도 극성인 백말띠'라고 자처하는, 공부도 열심히 하고 여가도 즐길 줄 아는 건강한 학생들이었다. 이들을 가르치면서 나도 배우는 것이 있었고 즐거움도 느꼈다. 2학기가 지나면서 과외 공부를 끝내게 되었다. 서로 아쉬워하면서 나중에 의사가 되어 개업을 하면, 내 이름이 있는 병원 간판을 보고 찾아오기로 약속하였다.

형편없는 과외 선생은 아니었던지 그중 한 여학생인 K양의 남동생을 다시 가르치게 되었다. 고등학교에 갓 입학한 남학생 세 명을 1년 동안 가르치다가 내가 의대 본과에 올라가면서 중단했다. 그 학생들이 고등학교 3학년이 되자 K양의 어머니가 다시 과외 지도를 부탁해 왔고, 그 당시 우리 집 형편이 여전히 어려워

다시 1년을 가르치게 되었다. 그들은 열심히 따라 주었고 K군과 사촌은 Y의대에 합격하여 보람 있는 기억으로 남는다.

나를 완전히 신임하게 된 K양의 어머니는 둘째 아들이 고등학교 3학년이 되자 또 나를 찾아왔다. 당시 의대 본과 4학년이라 시간을 낼 수 없어 거듭 사양했으나 간절한 부탁을 뿌리치지 못해 다시 맡게 되었다. 그 학생 역시 Y상대에 들어갔다. 다음 해에 막내아들을 가르쳐 달라고 부탁을 해왔으나 인턴 과정을 밟고 있던 나는 도저히 시간을 낼 수 없어서 거절할 수밖에 없었다.

대학교에 다니는 동안 과외 아르바이트를 많이 했지만 이렇게 형제자매를 연이어 지도한 적은 없었다. 비슷한 내용이 제임스 힐턴의 소설 〈굿바이 미스터 칩스Goodbye, Mr. Chips〉에 나온다. 같은 사립 중·고등학교에서 60년을 보낸 칩스 선생은 아버지에 이어 입학한 학생들이 수업 중에 실수를 하면 이미 사회의 저명인사가 된 아버지의 학생 시절 실수와 비교하여 농담을 한다. 나도 이와 비슷한 이야기를 하면서 감흥을 느끼기도 했다. 그 집안과는 지금도 가깝게 지내고 있다.

그로부터 20년이 지났을 무렵, 함께 과외공부를 했던 경기여고 단짝 친구들이 나를 만나고 싶어 한다는 얘기를 K양으로부터 전해 듣고 대학로의 이탈리아 음식점에서 만나기로 했다. 약속 장소로 가는 도중에 길을 묻는 뚱뚱한 중년 부인에게 차근히 길을 알려주고 화장실에 들러 손을 씻고 레스토랑에 들어섰다. 저쪽에서 그들이 손짓을 하는데, 아까 만난 그 부인도 같이 앉아 있는 것 아닌가. 옛날 제자 중 한 명이었던 것이다! 날씬하고 눈이 큰 학생이었는데…….

그러나 서로 이야기를 나누면서 세월이 흘러 겉모습은 변했지만, 그때의 추억과 감정은 여전히 남아 있음을 확인할 수 있었다. 유난히 동안인 나는 누나(?)처럼 보이는 옛 제자들과 20년 전으로 돌아가 오랜만에 유쾌한 시간을 보냈다.

대학 시절 공부와 과외 아르바이트를 병행하면서 바쁜 일정에 쫓기기도 했지만 얻은 것도 많았다. 가르치는 사람이 배우는 사람보다 공부를 더 열심히 하게 되는 법이다. 영어를 가르치면서 내 실력도 늘었고, 아르바이트를 하면서 얻은 여러 사회 경험이 나를 담금질하고 성숙하게 했다. 지금도 생각한다. 역시 젊을 때 고생은 돈을 주고라도 사서 해야 한다고.

이루어질 수 없는 사랑

대학 신입생 시절에는 미팅이 주요 관심사였다. 중·고등학교 때에는 남녀가 서로 어울릴 기회가 거의 없었기 때문이다. 입시의 부담에서 벗어난 신입생들은 1학년 봄과 여름 내내 과, 고교 동문, 향우회별로 다방이나 야외에서 미팅을 했다. 한번은 의예과 우리 반(학생이 많아 3반으로 나누어 수업을 들었다)이 서강대학교 여학생들과 미팅을 했는데, 다녀온 친구들 말이 양희은이라는 학생이 노래를 참 잘 부르더란다. 정식으로 데뷔하기 전의 일이다.

나는 미팅에 거의 나가지 않았다. 여자에 관심이 그리 많지 않기도 했지만, 작은 체격에다가 동안이어서 상대방에게 좀처럼 '남자'로 보이지 않았기 때문이다. 신입생 환영회에서 선배가 몇 반했느냐고 물어볼 정도였으니까.

1학년이 다 끝나가는 12월 말, 의예과 친구 일곱 명 사이에서 E여대생과 동아리를 만들자는 얘기가 나왔다. 우선 다방에서 미팅을 하기로 했다. 탁자에 두 쌍씩 앉아 이야기를 나누었다. 내 파트너인 A는 나보다 키도 크고 말수도 적었다. 반면에 내 친구

B의 파트너인 C는 붙임성 있는 얼굴에 이야기도 잘하고 쾌활했다. 저녁식사를 하려고 다방을 나서면서 복도에서 다시 마주친 그녀가 나를 보고 웃었다. 순간 나와 연결될 것만 같은 운명의 끈을 느꼈다. 나만의 착각인가 싶어 일단 두고 보기로 했다.

의논 끝에 동아리 이름을 '하얀 돌'이라고 짓고 임원을 정하는데 회장에 나를, 부회장에는 C를 추천하는 것이 아닌가! 사양했지만 착실하다는 이유로 친구들이 강권했고 나와 C는 권유를 받아들였다. 하얀 돌 회원 열네 명은 대학로에 있는 기독교학생회관에서 토론과 음악 감상, 독후감 발표 등을 하면서 그해 겨울을 보냈다.

성격이 좋은 C는 모두와 잘 지냈는데, 처음에 파트너가 되었던 B와 사귀는 눈치였다. 하루는 그녀가 나에게 여동생 과외공부를 맡아 달라는 부탁을 해왔다. 내가 제일 실력이 있어 보인다고. 동교동에 있는 집에 가보니 사업을 하면서도 가정적인 아버지와 다변이나 재미있는 어머니, 부모님을 닮아 선하게 생긴 1남 4녀까지, 단란한 가정이었다. 나는 장녀인 C의 바로 밑 여동생, 그 아래 여동생과 남동생을 가르치면서 의예과 2학년을 마칠 때까지 그 집을 드나들었다. 5월 말 그녀가 E여대 축제에 같이 가자고 해서 나는 처음으로 양복을 맞춰 입었다. 이 무렵 B와 그녀는 더 이상 만나는 것 같지 않았다.

여름방학 때 동아리에서 설악산에 놀러 가기로 했다. 이런저런 사정으로 남녀 각각 세 명씩만 가게 되었다. 여행 내내 두 여

학생은 몸이 아프다고 하여 C 혼자서 식사를 준비했다. 핑계를 대고 놀고 있는 두 여학생이 얄밉기도 하고 그녀가 대견하다는 생각에 나도 열심히 거들었다.

설악산에 왔으니 비선대飛仙臺에 가보는 것이 어떠냐고 제안을 하니 모두들 민박집에 남아 있겠단다. 결국 그녀와 나만 다녀오게 되었다. 우리는 재미 삼아 편한 길보다는 계곡 바위를 건너뛰면서 비선대를 왕복했다. 자연히 서로 손을 잡아주면서.

다음날은 모두 산에 올랐다. 산행이 힘들었는지 그녀는 흔들바위로 가는 도중에 남아서 기다리겠다면서 일행더러 다녀오라 했다. 산을 오르는 동안 내 입에선 고등학교 때 배운 〈망향〉이라는 노래가 흘러나왔다.

꽃 피는 봄 사월 돌아오면
이 마음은 푸른 산 저 넘어

그 어느 산 모퉁길에
어여쁜 임 날 기다리는 듯

철 따라 핀 진달래 산을 덮고
먼 부엉이 울음 끊이잖는
나의 옛 고향은 그 어디런가
나의 사랑은 그 어디멘가

날 사랑한다고 말해 주렴아 그대여
내 맘속에 사는 이 그대여

그대가 있길래 봄도 있고
아득한 고향도 정들 것일레라

　박화목朴和穆의 시에 채동선蔡東鮮이 곡을 붙인 이 가곡처럼 '산모퉁길에' '날 기다리는' 그녀를 생각하며 산을 올랐고, 산모퉁이마다 그녀가 나타날 것만 같은 생각에 가슴이 설레었다.
　방학이 끝나고 한글날 연휴에 공대 선배 한 명과 속리산에 가게 되었다. 오가는 버스 속에서, 그리고 캠핑하는 산 속에서 C가 떠오를 때면 마음속으로 〈망향〉을 다시 부르곤 했다.

날 사랑한다고 말해 주렴아 그대여
내 맘속에 사는 이 그대여

　시간이 갈수록 점차 분명해졌다. 나는 그녀를 좋아하고 있는 것이었다! 처음으로 느끼는 감정이었고, 그날 바위를 오르내리며 잡았던 부드러운 손의 감촉이 잊히지 않았다. 유치하지만 난생 처음으로 마음을 담아 〈바위에 올라〉라는 시를 지어 편지지에 정성껏 적어서 그녀에게 보냈다. 며칠 후 가슴을 졸이며 감상을 묻는 나에게 하는 그녀의 대답이 걸작이었다. 쌀벌레가 기어가는 것 같은 글씨라 무슨 말인지 도통 못 알아보겠더라고.
　그런데 내 친구 B는 아직도 C에 대한 감정을 정리하지 못한 듯했다. 친한 친구가 못 잊는 여자가, 내가 처음으로 좋아하게 된 여자라니. 나는 죄의식까지 느꼈다. 게다가 B는 무슨 이유에선

지 낙제를 했다. 내성적인 그를 생각하니 내 마음을 이야기할 수도 없었다.

그러는 동안 이런저런 이유로 C와 자주 만났다. 우선 내가 과외공부로 그 집에 드나들고 있었으니. 그녀의 어머니는 나를 믿고 좋아했고 우리는 점점 가까워졌다. 그녀는 책과 클래식 음악에 대한 내 이야기를 경청했고, 한편으로는 부러워하고 질투를 하기도 했다. 유복한 가정의 C는 아르바이트와 학업을 병행하는 나를 격려해 주었고, 밝고 다정한 그녀와 같이 있으면 마음이 따뜻해지고 힘이 생겼다.

크리스마스에 그녀로부터 받은 카드에는 '하얀 검둥이' 이야기가 담겨 있었다. 그녀도 마음속에서 갈등을 하고 있는 걸까? 나는 친구 때문에라도 이제는 결정을 내려야겠다고 생각했다. 하루는 C에게 긴 편지를 썼다. 쌀벌레가 기어가는 듯한 글씨라 해도 할 수 없었다. 영어로 'better-half'가 되어 달라고 했다. 그녀의 대답은, 전혀 생각해 본 적이 없단다!

다음해 1월 말 유난히 추웠던 밤, 우리는 한강변 절두산 성당에 갔다. 가톨릭 집안인 C는 성당에서 잠깐 기도를 하고 성호를 그었다. 성당 밖에서 얼어붙은 한강을 바라보며 다시금 내 마음을 그녀에게 전했으나 대답은 한결같았다. 추워하는 그녀에게 목도리를 둘러 주고 그날 우리는 헤어졌다. 더 이상 서로 연락은 없었다.

의대 본과로 올라간 나는 의학 공부와의 전쟁을 시작했고, 그해 가수로 데뷔한 양희은의 〈이루어질 수 없는 사랑〉이 젊은이들 사이에서 큰 인기를 끌었다.

너의 침묵에 메마른 나의 입술
차가운 네 눈길에 얼어붙은 내 발자욱
돌아서는 나에게 사랑한단 말 대신에
안녕, 안녕 목 메인 그 한 마디
이루어질 수 없는 사랑이었기에.

밤새워 하얀 길을 나 홀로 걸었었다.
부드러운 네 모습은 지금은 어디에
가랑비야 내 얼굴을 거세게 때려다오.
슬픈 내 눈물이 감춰질 수 있도록
이루어질 수 없는 사랑이었기에.

치열하게 그러나 즐기면서 공부하라

대학생 중에서 의대생이 공부를 가장 많이 한다는 말은 사실이다. 대학에 입학한 1971년, 서울대학교 의예과에 160명이 합격했고 재일교포 10명 정도가 정원 외로 입학하였다. 6년의 대학 시절을 보내고 1977년에는 역시 160명이 졸업을 했으나 졸업생 중 같이 입학한 학생은 절반뿐이었다. 입학 동기생의 절반이 아래 학년으로 내려갔거나 학교를 떠났고, 졸업 동기생의 반수는 위 학년에서 내려온 것이다.

이런 현상은 우리 학교 역사에도 유래가 없는 일이었다. 따져보자면 두 해 전인 1969년부터 의예과의 입학 정원이 120명에서 160명으로 늘어난 것에도 이유가 있었다. 과거에는 입학할 수 없었던 성적의 학생 40명이 더 들어온 셈이다. 실제로도 시험을 보면 일부 학생의 실력이 두드러지게 떨어졌다고 들었다. 엄격한 교수님은 이들에게 F학점을 주었다. 의대에서는 한 과목이라도 F학점을 받으면 유급되었기 때문에 낙제생이 속출했다.

또 다른 이유는 학생 지도에 대한 학교의 관심 부족이라고 생각한다. 그 당시에는 베트남전 때문에 미국에 의사가 부족하여 ECFMG라는 미국 의사자격시험만 합격하면 미국에 쉽게 갈 수 있었다. 삶의 질이 월등히 좋은 미국을 동경하여 졸업생 절반이 조국을 떠났다. 당연히 의사가 모자랐고, 특히 기초의학을 전공한 사람이 적어서 실습은 대부분 조교가 부족한 상태에서 진행되었다.

교수님은 강의만 하고 실습 시간에는 거의 만날 수 없었고, 조교 없이 책을 보면서 해부학 실습을 하다 보니 정상적인 변이가 있거나 병적 소견이 있을 때 답을 줄 사람이 없었다. 우리들끼리 갑론을박하다가 결론 없이 끝나곤 했다. 좋게 생각하면 스스로 공부하는 방식을 배운 셈이지만 효과적인 방법은 아니었다.

본과 1학년이 되니 위 학년에서 내려온 유급생이 많아 학생 수는 2백 10명이나 되었다. 학생이 많아져 강당에서 수업을 진행했는데 뒤에 앉으면 칠판이 보이지 않았다. 앞자리를 차지하려면 일찍 등교해야 했다. 서로 경쟁이 붙어 등교하는 시간은 점점 빨라졌고 분위기는 냉랭해졌다. 영어로 된 원서가 익숙하지 않은 데다 학습 진도가 빨라서 스트레스를 받던 친구들은 휴학계를 냈다. 공부를 잘한다고 자부하던 학생들이 적응에 실패하자 자포자기하여 학교를 떠나기도 했다. 학교에서도 뒤늦게 사태의 심각성을 깨닫고 학생 지도를 강화하면서 사정은 점차 나아졌다.

학생들은 자발적으로 스터디 그룹을 만들었다. 처음에는 고교 동문이나 향우회별로 스터디를 하다가, 점차 뜻이 맞는 사람끼리 모여 같이 공부를 했다. 스터디 그룹은 '족보'라고 불리는 기출 문제나 뼛조각, 현미경, 인체 조직 슬라이드 같은 실습시험 자료를 구해 공부하는 데 유리하였다.

이해를 돕기 위해서 해부 실습에 대하여 잠시 이야기하겠다. 음악가에게 절대 음감이 필수적인 것처럼, 의사에게 인체 구조의 해부학 지식은 필수적이다. 해부 실습을 할 때 책에 설명되어 있는 구조와 비교하여 암기하다 보면 사람의 몸이라는 생각에서 멀어진다. 그래서 때로는 해부 실습 도중에 옆에서 밥을 먹는 일도 가능한 것이다. 과거에는 신원 미상의 사망자를 실습 대상으로 했으나, 지금은 숭고한 뜻으로 자기 몸을 기증한 사람이 대부분이다. 심지어는 의대 교수나 그 가족도 있다. 따라서 시신에 대한 의대생들의 예우는 각별하다.

집이 먼 나는 시험 기간이면 학교 옆에 사는 의대 동기인 C군의 집에서 한두 달씩 머물면서 같이 공부하곤 했다. 둘 중에서 먼저 일어난 사람이 가방 두 개를 들고 강의실에 가서 좋은 자리를 맡아 놓고, 다시 집에 와서 아침을 먹고 학교에 가기도 했다.

C군은 머리로, 나는 노력으로 공부하는 타입이었다. C군은 아이큐가 155로, 경기고등학교를 우수한 성적으로 졸업하고 의대에도 2등으로 입학한 수재였다. 그에 비하면 나는 평범한 머리로 꾸준히 노력하여 사립 고등학교를 졸업하고 운이 좋게 의대에 들어온 '보통사람'이었다.

우리 둘은 공부하는 방식에도 차이가 있었다. C군은 아랫목에 누워서 책을 보고, 나는 책상 앞에서 정좌를 한 채 공부하였다.

나는 중요한 부분은 책에 연필로 표시하고 반복하여 써 보면서 암기했는데, 내가 보기에 C군은 건성으로 책을 보는 것 같았다. 그러나 막상 시험 전에 비교해 보면, 그는 나보다 훨씬 많은 내용을 암기하고 있었다! 나는 더욱 잠을 줄여 가면서 공부해야 했고, 이런 나의 분투가 그에게 자극이 되어 서로 도움이 되었다.

본과 1학년 초에는 C군의 집에서 첫 쿼터 시험을 위해 두 달 동안 밤을 새워 가면서 공부를 했다. 우리보다 더 이상은 공부할 수 없다는 자부심을 가질 정도로. 첫 시험을 끝내고 모든 과목에서 A학점을 받을 것이라고 예상하고 우리 둘은 맥주로 미리 자축까지 하였다. 나중에 평균 B플러스 정도의 성적표를 받고는 기가 막히기까지 했다. 도대체 다른 학생들은 어떻게 공부했단 말인가!

지금 생각해 보면 의학 공부를 처음 할 때여서 무엇이 중요한지를 잘 몰랐던 것이다. 방대한 내용을 전부 암기하려 했으니 말이다. 예를 들어 나중에 전혀 사용하지 않는 라틴어로 된 피부 신경 이름을 갖은 고생을 하며 외웠다. 그러나 꼭 알아야 할 내용은 과거에도 시험에 자주 나왔으니 '족보'가 중요하다는 것도 차츰 알게 되고, 집중력도 높아지면서 점차 의학 공부에 적응해 나갈 수 있었다.

오랜 시간 공부하는 것보다는 집중해서 공부해야 효과적이라는 것은 모두들 잘 아는 사실이다. 그렇다면 어떻게 하면 집중력을 높일 수 있을까? 우선 공부하는 환경이 중요하다. 음악을 듣거나 텔레비전을 보면서는 공부에 집중할 수가 없다. 또 공부에 대한 절박감이 집중력을 높인다. 시험을 앞두고 시간이 촉박하면 암기력이 높아지는 경험을 한 적이 있을 것이다. 내 경우에는 과거에 느슨하게 공부해서 실패를 했던 쓰라린 경험이 더 집중하게 만들었다.

무엇보다 공부하는 자체를 즐기면 유리하다. 특히 상위권의 성적을 바란다면. 의대의 경우 기본적으로 외워야 할 내용이 많기 때문에 꾸준히 공부해야 하고, 시험도 자주 있어 밤을 새워 공부를 하는 날이 많기 때문이다.

그러나 노력만으로는 따라잡을 수 없는 비범한 학생들, 하나님이 선택하여 내려 준 '타고난 인재gifted person'는 따로 있었다. 나는 밤을 새우면서 많은 분량을 공부해도 좋은 성적을 내기가 어려웠다. 머리가 우수한 수재는 다소 게으르고 암기 위주인 의학 공부에 싫증을 느끼기도 하지만, 수재이면서도 열심히 하는 학생이 많았다. 나는 그저 열심히 하는 평범한 학생 중 하나였다.

동기생 중에는 의대를 수석 졸업하고 의사국가시험에도 전국 수석을 한 B군과 가깝게 지냈다. 그는 의대 4년 동안 학생 중에서 가장 일찍 등교했다. 새벽에 수위실에서 강의실 열쇠를 받아 문을 열고 수업 시작 전까지 공부를 하고, 수업이 끝난 후에는 도서관에서 문을 닫을 때까지 공부했다. 주말이나 방학에도 마찬가지였다. 아무리 암기력이 뛰어나고 머리가 우수한 학생도 공부 시간의 절대량이 많은 그를 이길 수가 없었다.

그러면 꾸준히 공부하는 것 외에 의학 공부에 다른 방법은 없는가? 나는 왕도王道가 있다고 생각한다. 의학은 세분되어 있고 각 분야가 나날이 깊어지고 있다. 교과서 있는 한 줄의 문장은 많은 임상 소견의 분석이나 복잡한 연구 결과에 의한 것이다. 따라서 사전 지식이나 부연설명이 없이는 이해하기 어려운 경우가 많다. 즉 단순히 외운다고 되는 부분이 아니다. 내가 생각하는 좋은 방법이란 교수나 선배에게 내용을 묻고 토의하여, 어느 정도 사전 지식을 가지고 책을 보는 것이다. 그렇게 하면 훨씬 빠르게 이해할 수 있고 외우는 것도 수월해진다.

머리가 우수한 내과 동기생 P군은 이 방법을 주로 사용했다. 선배를 붙잡고 질문하여 선배가 한 수 가르쳐주면, 좋은 머리로 내용을 파악하고 그 자리에서 새로운 질문을 하는 식으로 끈질기게 얻어냈다. 나중에 책으로 다시 확인하는 것은 물론이다. 이러한 공부 방식이 적중하여 전공의를 수료하는 해에 내과 전문의 시험에서 전국 수석을 차지하였다. 당시 의국 칠판에 이렇게 쓰여 있었다.

"축, 끈끈이 P선생님 내과 전문의 시험 수석 합격."

새로운 분야에 첫발을

내가 의대를 졸업할 당시에는 인턴과 레지던트를 시작하기 전인 4학년 말에 전공할 과를 결정하였다. 인턴과 레지던트를 아우르는 전공의專攻醫 과정의 수련은 학부 교육보다 더 중요해서, 모든 학생들이 모교 병원에서 전공의 과정을 밟고 싶어 했다. 전에는 모교 병원에서 수련을 받는 것이 그리 어렵지 않았다. 3년 위 선배까지는 베트남전의 여파로 미국에 의사가 부족해, 졸업생의 절반 이상이 미국으로 건너갔기 때문이다. 그 이후에는 사정이 달라졌다. 미국으로 가는 길은 막히고 졸업생 수는 늘어나는데 대학병원을 크게 신축하기 전이어서 전공의 모집 정원이 턱없이 부족했다.

우리 학년의 경우 졸업생이 160명인 반면 서울의대 부속병원의 전공의 모집 정원은 고작 38명이었다. 그래서 학생들 사이의 경쟁은 그 어느 때보다 치열했다. 대부분 학부 성적으로 전공의 당락이 결정되기 때문에 누가 무슨 과에 지원하느냐가 관심거리였다. 강의실 칠판 옆에 붙여 놓은 종이에 각자 희망하는 과를 적어 놓고 서로 조정하기도 했다. 지금과는 달라 격세지감이 있지만, 당시에는 개업하기 좋은 소아과와 산부인과의 인기가 높았다. 모교 병원에 남지 못한 친구들은 서울의 국립의료원과 한일병원, 대구 동산병원, 광주 기독병원, 전주 예수병원 등 전국으로 흩어졌다.

나는 의대에 들어오면서부터 정신과를 전공할 생각이었다. 본래 문과적 성향이 강했고 심리학에 기반을 둔 정신분석학에 매력을 느껴 의예과 때부터 이 분야의 책을 읽었다. 또한 서울대학교 부속병원에 정신분석의 대가인 이부영 교수가 계셨고, 그때 막 미국에서 오신 정신과 조두영 교수의 영향도 있었다. 4학년 2학기 원하는 과를 더 공부하는 선택과정 때 나는 당연히 정신과를 자원하였다. 그런데 막상 정신병 환자를 자주 대하다 보니 이런 환자를 상대로 평생을 산다는 게 자신이 없어졌다. 현실을 깨달은 것이다.

고민 끝에 정신과를 포기하고 방황하는 나에게 친구가 조언을 해 주었다. "네 체력에 외과 계열은 할 수 없으니 무난한 내과를 하라."고. 내과는 모집 정원이 가장 많아 내 성적으로도 합격할 수 있었다. 자세히 보니 지원서에 '방사성동위원소 radioisotope 1명 포함'이라고 쓰여 있었다.

방사성동위원소와 핵의학에 관한 강의는 고창순 교수님께 들은 적이 있었던 터라, 그 길로 방사성동위원소실을 찾아가 전공의인 이명철, 김동순 선생에게 자세하게 물어보았다. 방사능 피폭 위험성이 있지 않느냐는 질문을 하여 핀잔도 받고. 또 평소에 나를 혈육처럼 아끼고 지도해 주시던 이상료 선생님(당시 해군 군의감)에게도 자문을 구하니 "새로운 분야이니 추천할 만하다."라고 하셨고 이문호, 고창순 교수님에 대한 평판도 좋아서 핵의학에 대해서 잘 알지는 못했지만 결정을 내렸다.

지금 와서 생각해 보니, 내가 의사가 되도록 영향을 준 이광수의 소설 〈사랑〉은 진로를 결정할 때도 암시를 주었다. 소설 속 주인공 안빈처럼 내과를 선택했고 진료와 연구를 병행하기 위해서 핵의학을 공부하게 된 것이다. 그 당시만 해도 핵의학은 독립된 분야가 아니어서 장래를 내다보기 어려웠다. 그러나 새로운 분야이기 때문에 개척할 것이 많고, 임상의학에 속하면서도 연구에 관여하는 경우가 많아서 연구자로서의 생활도 가능한 점이 내가 핵의학에 끌린 이유였다.

핵의학은 질병의 진단과 치료, 의학 연구에 방사성동위원소를 이용하는 새로운 분야이다. 동위원소에서 나오는 감마선과 베타선을 이용하여 질병을 진단하고 치료하는 것이다. 임상이용은 다양하여, 동위원소를 주입한 후 환자를 촬영하는 핵영상법, 혈액에서 미량의 물질을 동위원소 표지 항원-항체를 이용하여 측정하는 방사면역측정법, 베타선 방출 동위원소를 이용한 치료법이 있다. 핵영상법은 영상의학과, 방사면역측정법은 진단검사의학과, 방사성동위원소 치료법은 내과적인 성격을 가지고 있다. 따라서 핵의학을 전공하는 의사는 여러 임상과의 특성을 다양하게 맛볼 수 있는 독특한 면이 있다. 또한 기초 연구와 임상 연구를 통하여 진료에 적용하는 경우가 많아서 연구자와 임상의사라는 두 가지 재미를 동시에 느낄 수 있다.

　세계적인 추세에 발맞추어 1995년에 우리나라에도 핵의학 전문의 제도가 신설되었고, 환자에 적용하는 사례가 점차 증가하여 현재 160여 개 의료기관이 핵의학 시설을 갖추고 있다. 학문적으로도 발전하여 미국핵의학 연례 학회에서 우리나라의 연제 발표 수는 세계 4위에 올라 있다. 여기에 나도 30여 년 동안 참여하여 기초 연구와 임상 이용의 발전에 미력하나마 힘을 보탰다. 이 공로가 인정되어 2009년 대한의학회로부터 바이엘쉐링임상의학상을 받기도 했다.

　그동안 우리나라 핵의학의 놀라운 발전에 동참해 오면서, 젊은 시절에 막연하게 임상 의사이면서도 연구의 즐거움을 맛볼 수 있는 분야를 찾아 선택한 핵의학이 내 적성에 잘 맞았다고 생각한다.

전공의에게 필요한 모든 것

전공의專攻醫란 의대를 졸업한 후 전문의가 되기까지 수련을 받는 인턴과 레지던트를 총칭하는 말이다. 인턴 때는 1년 동안 여러 과를 돌면서 교육을 받고, 레지던트 때는 4년 동안 한 임상과에서 교육을 받는다. 전공의는 면허가 있는 의사이지만 아직 특정 진료과의 전문가는 아니다.

병원이나 진료과에 따라 차이가 있지만 통상적으로 인턴은 의사 업무 중에서 허드렛일을 맡는다. 진료에 주도적으로 직접 참여하기보다는 이를 위한 기초적인 일을 하는 것이다. 예를 들면, 내과의 경우 검사를 위한 채혈, 정맥주사, 검사 예약과 검사 결과 확인 등을 담당한다. 외과의 경우 수술 부위의 제모와 소독, 관장 같은 수술 준비를 하고, 수술장에서는 수술 시야를 확보하는 일을 맡는다. 의대생 시절에는 진료 과정에서 관찰만 하는 경우가 대부분이고, 인턴 때부터 본격적으로 진료에 참여하기 시작하는 것이다. 물론 최근에는 학생 인턴 제도가 생겨 실습 효과를 높이기도 한다. 인턴은 여러 과를 순환 근무하면서 다양하고 광범 위한 진료 지식과 기본 수기手技를 익힌다. 입원 환자에게 인턴은 담당의가 된다.

의성醫聖 히포크라테스가 남긴 명언 "Life is short, art is long."을 흔히 "인생은 짧고 예술은 길다."라고 해석한다. 그러나 여기서 'art'는 음악, 미술 같은 예술이 아니라 '의술medical art'이란 의미로 사용한 것이다. 이어지는 문장을 보면 뜻이 더 분명해진다. "인생은 짧고 의술은 길다. 기회는 흘러간다. 실험은 위험하고 결정은 어렵다. 의사는 자신이 보기에 올바른 일을 할 뿐만 아니라, 환자와 외부의 협조를 이끌어낼 준비가 되어 있어야 한다." 이처럼 의사의 짧은 인생에 비해 의술은 더 오래 전수되어 간다.

인턴은 '밥에는 걸신, 잠에는 귀신, 일에는 병신인 삼신三神'이라는 우스갯소리가 있다. 환자를 진료하고 간호할 뿐 아니라 검사를 위해 피를 빼고, 주사를 놓고, 검사 결과를 가져오고, 촬영한 필름을 찾아오고, 약을 처방하고, 병력과 검사 결과를 기록하는 등 온갖 일을 처리하다 보면 식사를 거르고 잠도 못 자는 경우가 비일비재하기 때문이다. 그러면서도 일에는 서툴러 이런 이야기까지 생긴 것이다.

서툴지만 과거의 자기 모습을 보는 것 같고, 또 앞으로 의학과 의료를 지고 나갈 차세대이기 때문에 인턴에 대한 선배들의 사랑은 남다를 수밖에 없다. 인턴 첫 달에 마취과를 돌았는데, 당시에 과장이시던 고故 김광우 교수님은 우리들이 실수를 할 때마다 새로운 기록이라면서 오히려 재미있어 하시곤 했다.

인턴 시절에 아버지는 집장사를 하고 계셨다. 집을 짓고 살다가 팔리면 그 돈으로 새 집을 지어 이사 갔다가 다시 파는 식이었다. 한번은 바빠서 한 달 동안 집에 못 가고 병원에서 숙식을 하는 사이에, 우리 가족이 새집으로 이사를 갔다. 그 당시 집에 전화가 없던 터라 정확히 어디로 옮겼는지 확인할 방법이 없었다. 한밤중에 짐작 가는 동네에서 동생 이름을 부르니 어머니가 듣고 나와 집을 찾은 적도 있다.

대학병원은 중소병원과 협력관계를 맺어 전공의를 파견하기도 한다. 우리는 인턴 때 시립병원과 지방의료원에 파견을 나갔다. 의사가 모자라는 이런 병원에서 인턴은 비로소 의사로 인정을 받았다. 그 당시는 응급의학과가 생기기 전이라 특히 응급실에서 인턴과 관련된 에피소드가 많았다.

이비인후과를 지원한 A선생이 인턴으로 시골 병원에 파견 나갔을 때의 일이다. 만취하여 길에 쓰러진 환자가 응급실에 실려 왔고 A선생이 그 환자를 맡게 되었다. 호흡이 거칠고 간혹 숨을 안 쉬는데, 밤중이라 의논할 사람이 없어 고민하다가 그가 할 수 있는 방법인 기관절제술을 시행하여 호흡을 안정시켰다. 다음날 환자가 일어나 보니 목소리가 안 나오더란다(기관절제술 때문에). 그 전날 술만 마셨을 뿐인데.

한번은 개원한 지 얼마 되지 않은 서울강남의료원에 파견을 나갔을 때의 일이다. 1977년 당시는 잠실에 주공아파트만 있었을 뿐 허허벌판이었는데, 작은 평수의 아파트라 젊은 부부가 대부분이어서 분만 사례가 많았다. 산부인과 전문의가 한 명뿐이라 밤중에는 인턴이 아기를 받았다. 어느 날 밤, 인턴인 B선생이 당직을 하고 있을 때 출산 경험이 있는 산모가 진통으로 응급실에 왔다. 분만실에 들어오자마자 갑자기 아기가 나왔고, B선생은 양수 때문에 미끄러운 나머지 그만 아기를 휴지통에 빠뜨리고 말았다. 휴지 사이에서 아기를 꺼내고 있는데, 누워 있던 산모가 아이는 건강하냐고 물었다. 그러자 그가 이렇게 대답했다고 한다. "네, 다이빙 선수가 되려나 봅니다."

　내가 지방 의료원에 파견 나갔을 때, 한밤중에 복어 회를 먹고 가벼운 중독 현상을 보이는 중년 남자가 응급실로 찾아왔다. 복어 독으로 심한 경우 호흡근육이 마비되면 인공호흡기로 처치를 해야 한다. 우선 정맥주사를 하고 경과를 관찰하고 있었다. 답답한 보호자가 그 복집에 전화하니, 녹슨 쇳가루를 먹으라고 한다면서 나에게 먹어도 되냐고 묻는 것이었다. 나는 쇳가루를 복용하면 혹시 장속에 있는 독이 더 이상 흡수되는 것을 막을지는 모르겠다고 했다. 보호자들은 상의 끝에 일단 귀가해 '쇳가루 요법'을 시도하기로 했다. 환자와 함께 병원을 나서는 보호자를 불러서 내가 부탁했다. "나도 결과가 궁금하니 전화해 알려주세요."

　레지던트는 특정 과의 진료를 전공하여 교육을 받는다. 대개 1, 2년차 때 환자를 맡는 주치의가 되어, 진료를 하면서 기본 지식과 수기를 공부한다. 2, 3년차에는 중환자실 같은 진료의 특수 분야나 진료과에서 하는 특수 검사를 배운다. 4년차 레지던트는 거의 전문의 못지않은 실력을 갖추게 된다. 수석전공의chief resident는 전문의의 진료를 보좌하고, 후배 전공의 교육을 포함하여 과 전체 업무를 관장한다. 진료과에 따라서 이 시절에 세부 분과를 공부하기도 한다.

진료에 관계되는 모든 사항을 전문의가 다 할 수 없고 또 할 필요도 없다. 어떤 경우에는 젊은 전공의가 수기를 더 잘할 수도 있다. 문제는 전공의가 의료 수기를 처음 배울 때 어떻게 해야 하느냐이다. 누구나 처음부터 잘할 수는 없다. 이론을 충분히 공부하고 경험 있는 선배의 지도 아래 시행하고, 잘못되었을 경우에 대비한 처치를 준비해야 한다.

전공의가 시술을 하는 경우 환자는 위험에 더 노출된다고 생각할 수 있다. 사실 시술의 부작용이 생길 확률은 더 높을 수 있다. 따라서 전공의는 환자에게 더 관심을 갖고 부작용을 확인하고 상태를 주의 깊게 관찰해야 한다. 실력으로 모자라는 것을 관심과 노력으로 채우는 것이다. 시술에 문제가 생기면 솔직하고 투명하게 밝히고 적절하게 대응해야 한다. 이럴 경우 대부분의 환자나 보호자는 이해를 한다. 최종 책임은 지도하는 전문의에게 있지만, 교육병원인 경우 병원 차원의 보상 시스템을 갖추는 것이 바람직하다.

다음은 내 개인적인 경험이다. 전공의 시절, 간암이 의심되는 중년의 남자 환자가 입원하였다. 손으로 배를 진찰해 보니 딱딱하게 부풀어 오른 간이 만져지고 혈액검사에서 간암의 지표가 증가해 있었다. 여러 검사 결과 진행된 간암이 틀림없었으나, 현 상태에서 유일한 치료법인 항암제를 사용하기 위해서 조직검사로 암을 확인하기로 했다.

굵은 바늘로 간 조직을 떼어내자 환자는 식은땀을 흘리고 혈압이 떨어지기 시작했다. 검사 부위에서 출혈이 계속된 것이다. 지혈제 치료가 효과가 없어서 결국엔 외과에서 응급으로 복부를 열고 출혈 부위를 찾아내 지혈을 하였다.

내가 시행한 조직검사의 부작용으로 환자는 수술까지 받은 셈이다. 조직검사로 부작용이 부득이하게 생길 수도 있지만, 수기가 서툴러 생겼을 가능성도 있었다. 이 내용을 환자와 보호자에게 설명하고, 미안한 마음에 더욱 성심껏 환자를 진료하였다. 외과 전공의 동료에게 환자를 부탁하기도 하고, 수술 후 다시 내과로 옮겨 항암치료를 한 후 퇴원하게 했다. 퇴원하는 날, 환자의 딸이 나를 찾아왔다. 그동안 수고했으니 식사 대접을 하라고 어머니가 부탁했다고. 그 후에도 환자 가족은 교수님 외래로 가지 않고 나에게 찾아와 약을 처방받아 가곤 했다. 이 경우는 물론 환자와 가족이 좋은 분들이기도 했지만, 전공의의 정성과 노력이 중요하다는 것을 보여 준다.

전공의는 항상 환자의 상태를 파악하고 있어야 한다. 당연히 당직을 많이 할 수밖에 없고, 요즘은 잘 되어 있는 통신시설을 이용할 수도 있겠다. 환자나 보호자는 전문의가 아닌 전공의가 진료를 맡는다고 꼭 불평만 할 일이 아니다. 미국에서 케네디 대통령이 저격되었을 때 응급수술을 맡은 이도 전공의였다! 정성을 들여 환자를 보살피면 전공의라도 정확한 진단과 적절한 치료가 가능하다. 그리고 무엇보다 빨리 전문의에 못지않은 능력을 키워야 한다. '실력을 동반한 정성'이야말로 전공의가 반드시 갖추어야 할 덕목이기 때문이다.

'동위방'에서 일어난 일

고故 이문호 교수님이 독일에서 유학한 후 귀국하여 서울대학교 의대에 '방사성동위원소 진료실'을 개설한 것이 50여 년 전인 1960년 5월의 일이다. 지금의 어린이병원 뒤 학생 기숙사 자리에 있던, 3층 벽돌로 된 임상의학연구소 건물 1층이었다. 그 당시에는 꽤 큰 공간으로 감마카메라실, 렉틸리니어 스캐너rectilinear scanner실과 검체검사실이 있었고, 고창순 교수실 옆에 전공의 방이 있었다.

전공의 방에는 역사와 전통이 배어 있다. 이문호 교수님의 수제자인 이정상 교수님이 전공의 시절에 이 방에 침대를 놓고 숙식을 하기 시작하였다. 24시간 병원에 있으면서 모든 중환자를 돌보고 공부와 연구에 전념하기 위해서였다. 전해 내려오는 얘기에 의하면, 이정상 교수님은 결혼하는 날 아침까지 이 방에서 머물다가 곧바로 예식장으로 향했다고 한다. 그 후 이문호, 고창순 교수님의 제자들이 이 방에서 진료와 연구에 매진하였다. 이홍규, 노홍규, 최강원, 김원동, 송인경, 김병국, 조보연, 김광원,

최성재, 이명철, 조경삼, 이중근, 김성권, 박정식, 신영태, 김삼용, 장연복, 표희정 선생 등 서울대학교를 비롯하여 각 대학과 의료계에서 활약하고 있는 많은 인재가 이 방을 거쳐 갔다. 그 당시 내과는 규모가 작고 가족적이어서 이곳은 사실상 모든 내과 전공의의 공간이었다.

출중한 리더십을 가진 이문호 교수님은 10년 아래인 고창순 교수님과 20년 아래인 이정상 교수님을 축으로 하여 일사불란한 인적 피라미드를 이루었다. 단결된 조직을 기반으로 핵의학적 방법을 이용하여 뛰어난 연구를 하면서 진료의 폭을 넓히는 이 집단을 '이문호 사단' 또는 '동위방'(고려 말 무신들의 배타적 집단인 방을 빗대어 동위원소팀을 이렇게 불렀다)이라고 불렀다.

'이문호 사단, 동위방'의 정점은 물론 이문호 교수님이었지만, 사실은 고창순, 이정상 교수님의 작품이었다. 젊어서부터 순환기내과에서 이문호 교수님의 지도를 받던 고창순 선생님은 핵의학을 전공하여, 두 분이 동위원소실로 따로 독립하였다. 이문호 교수님의 대학원 지도 학생인 이정상 선생님은 일찍 돌아가신 선친 대신 교수님을 부자父子의 도리로 모셨다. 이 두 분은 특히 인화人和를 강조하셨다.

다음은 동원회(동위원소실 동문회) 회장이던 이용국 선생님의 회고담이다. 대학원생이던 그는 간肝 전공인 한심석 교수님이 학장이 되어 바빠지자, 고창순 교수님에게 학위논문 지도를 부탁했다. 당시 그는 최신 영상법인 간담도 스캔의 동태를 정량분석하는 연구를 진행하고 있었다. 그러나 시간이 지나도 연구 결과가 신통치 않자, 하루는 고 선생님이 자동차에 이불을 싣고 오셨다고 한다. 사모님이 매일 나르는 도시락을 같이 먹으면서, 지엄한 교수님과 함께 전공의 방에서 일주일 동안 숙식하면서 연구에 매진하여 마침내 학위를 받았다고.

당시는 아직 어설픈 시절이라, 각 진료과 의국에서 자체 수입으로 처리하는 진료 항목이 있었다. 예를 들면, 외래에서 하는 작은 수술은 대부분 과科 수입으로 묶인받아 의국비로 사용했다. 갑상선 환자가 많은 우리의 경우 갑상선 기능을 검사하는 아킬레스건 반사 측정법이 의국의 수입이었다. 고무망치로 아킬레스건을 두드려 반사를 측정하기 때문에 일명 '도깨비 황금망치 검사'라고 불렸다. 마치 도깨비가 뚝딱 방망이를 휘두르면 돈이 생기는 것처럼.

의국비는 4년차 수석전공의가 관리했다. 의국비로 의국에서 사용하는 모든 물품을 구입하고 슬라이드 제작과 복사기 유지도 의국비로 충당했지만 아무래도 회식비가 차지하는 비중이 제일 컸다. 회식은 서로 어울리면서 환자 진료와 연구에서 오는 스트레스를 푸는 자리였다. 의국비가 모자라면 외래 진료를 돕기 위해 교수님과 같이 가는 전공의에게 수석전공의가 고무망치를 두들기는 신호를 하곤 했다.

나는 1978년에 1년차 전공의가 되면서 이 방에서 동기생과 숙식을 했다. 하루 종일 병원에 있으니 진료와 연구를 더 잘할 수 있다고 생각했는데 실상은 조금 달랐다. 아무래도 여유가 있으니 진료와 연구에 집중하지 못하는 등 시간을 효율적으로 활용하지 못하는 단점이 있었다. 또 당시에는 밤 12시부터 통금이어서, 병원 근처에서 회식하던 선배들이 통금 시간에 걸려 집에 못 가게 되면 맥주와 안주거리를 사들고 전공의 방을 찾곤 했다. 방에 있던 우리는 선배들과 늦게까지 술을 마셨다.

어느 날 사건이 일어났다. 내 동기생과 2년 선배 전공의가 만취하여 전공의 방 침대에서 자고 아침에 일어나 보니 침대가 젖어 있었다. 누가 실뇨失尿를 한 것이다. 두 사람은 각각 상대방에게 책임을 돌렸다. 그러나 후배이자 전에도 만취하여 방뇨 전과가 있는 내 친구가 혐의를 뒤집어썼다. 그 친구는 모임 때마다 증거를 대면서 결백을 주장했고 우리들은 이 사건을 술안주로 애용하였다. 지금은 두 사람 모두 자기 분야에서 내로라하는 교수가 되었다.

최근에 그 친구를 만났는데, 자기가 장례식장에서 그 선배를 오랜만에 만나 그 사건을 거론했더니 선배가 이제는 순순히 자신의 실수를 인정하더라는 것이다. 세월이 가면 진실은 밝혀지는 법이라고 의기양양했다. 놀라운 뉴스 거리였다.

다음 날 사실 여부를 묻는 나에게, 선배 교수는 이렇게 말했다. "30년이 더 지난 지금까지도 그 이야기를 해서 대꾸를 안 했더니, 내가 인정했다고 우기는구나. 그 친구 정말 끈질기네!"

지난날을 돌아보면 모든 것이 새롭게 보인다. 그날 밤 누가 실뇨를 했는지는 중요하지 않다. 혐의에 흥분하던 젊음이 있고, 이 사건을 두고 흥겹게 토론하던 우리들의 회식이 있었다. 그리고 무엇보다 서로 권하며 기분 좋게 취했던 우정이 있었다. 그때는 힘들었지만 이제는 다시 갈 수 없어 그립기까지 한 시간이 되었다.

　아, 지나간 아름다운 시절이여!

무의촌에서 보낸 반년

내가 레지던트 교육을 받던 시절에는 전문의 자격을 취득하기 위해서는 여섯 달 동안 무의촌 근무를 해야 했다. 의무 과정이었지만 어떻게 보면 빡빡하기만 한 전공의 시절에 유일한 숨통이기도 했다.

병원마다 할당된 지역이 있었고 우리 병원은 강원도 담당이었다. 그러나 내가 지원한 1979년 가을에는 갑자기 제주도로 배치되어 서귀포도립병원에 근무하게 되었다. 지금은 병원을 크게 다시 지었지만 당시에는 내과, 외과, 소아과, 산부인과와 병실 서너 개가 있는 보건소 수준이었다. 그나마 의사는 예방의학을 전공한 원장님뿐이었고, 파견된 레지던트를 과장으로 임명하여 병원을 유지하고 있었다.

우리 부부는 뜻하지 않은 제주도 생활에 가슴이 설렜다. 1년 전에 결혼하여 부모님과 함께 살다가 태어난 지 한 달 된 딸을 데리고 우리는 서귀포에 도착하였다. 병원 마당에 지은 판잣집 모양의 단칸 숙소였지만 한라산이 보이고 멀리에는 일렁이는 바다가 있었다. 답답한 대학병원에서 벗어난 나와 어려운 시댁에서 탈출한 집사람은 우리만의 살림살이를 즐길 수 있었고, 병원 간호사들은 딸아이를 귀여워하며 돌봐 주곤 했다. 그 당시에는 제주도 여행을 하는 것이 쉽지 않아 이 기회에 제주도 구석구석을 둘러보고 이곳 사람의 생활도 접할 수 있었다. 내가 생선회를 즐기게 된 것도 이때부터이다.

수련을 받고 있던 나에게 이곳 경험은 소중하였다. 중환자가 많은 대학병원과는 달리 심하지는 않지만 주민이 흔히 시달리는 병들을 배울 수 있었고, 사소하게 보이는 증상과 증세 속에서 특이한 질환을 찾아내는 학문적인 재미도 있었다. 무엇보다도 내과 환자를 진료하면서 모든 일을 혼자서 판단하고 결정하여 처치를 해야 했고, 이것은 소중한 경험이 되었다. 원장님도 내과 과장 명함을 만들어 주고 전문의처럼 대해 주셨다.

당시에는 제주도가 제일 인기 있는 신혼 여행지였다. 또 그 시절에는 우리 또래인 스물여섯 살 전후가 결혼적령기여서 결혼하는 친구들이 많았다. 친구들이 결혼하여 서귀포 허니문하우스호텔에 오면 만나서 저녁을 먹고 술을 마시며 이야기하느라 시간이 가는 줄도 몰랐다.

한번은 병원 동료가 결혼하여 서귀포에 왔다고 전화하여 허니문하우스 로비에 가보니 아는 서울대학병원 간호사가 신혼여행을 왔다면서 혼자 의자에 앉아 있었다. 반가워 이런저런 이야기를 하다가 남편이 온다고 하여 쳐다보니 전화한 그 친구였다. 우리 몰래 사랑을 키워 왔던 것이다. 그 벌로 우리 집에 와서 밤늦도록 술을 마셔야 했다. 자랑 같지만, 집사람은 후덕하고 음식 솜씨도 좋아 여행 온 신혼부부 일곱 쌍을 집에 초대해 저녁식사를 대접하기도 했다.

무의촌 근무를 할 때는 경제적으로 어려움을 겪었다. 정부에서 나오는 얼마 안 되는 전공의 월급에 부모님께도 조금이나마 용돈을 보내드리려고 했기 때문이다. 어느 날 파견 나온 동료들끼리 의논하여 제주시에 있는 나사로병원의 야간 아르바이트 자리를 얻었다. 당시에는 제주도에서 가장 큰 규모의 사립병원으로 주민들에게 신망이 높아 일명 '나살려 병원'으로 불렸다. 내가 맡은 일은 야간 당직이었으나 응급실보다는 입원 환자 중심으로 근무했고, 그나마 각 과의 과장이 책임지고 전화로 지시하여 부담은 많지 않았다.

한라산을 넘어 제주시와 서귀포를 연결하는 5·16도로를 이용하여 나사로병원을 오갔는데, 이 도로는 군사혁명 이후 전국에서 깡패를 동원하여 건설했다고 한다. 이 도로는 차 두 대가 겨우 지나갈 만큼 좁고 험하며, 세월이 흐르면서 주위에 나무들이 자라나 햇볕을 가려 한낮에도 어두웠다. 겨울밤에는 사고 위험 때문에 차량통행을 금지하고, 아침 7시경에 경찰관이 마이크로버스의 첫차를 출발시켰다.

나사로병원에서 야간 당직을 한 후 제주시에서 서귀포로 가는 첫차를 타면 손님이 없어 항상 맨 앞자리에 앉곤 했다. 운전기사, 조수인 소년과 손님은 나 혼자뿐일 때도 있었다. 꾸불꾸불 올라

가는 산길에 눈이 내려 얼어붙기라도 하면 차바퀴가 도로에서 미끄러져서 위험천만이었다. 그럴 때면 조수는 차에서 내려 삽으로 얼음을 깨고, 차에 실어둔 흙을 도로에 깔아 다시 버스를 출발시키곤 했다.

그해 겨울에는 한라산에 눈이 많이 내렸다. 5·16도로의 설경은 특히 아름다웠다. 눈이 오면 도로 양쪽에서 자라난 나뭇가지에 쌓이고 또 쌓여 눈으로 된 터널을 만들고 주위의 원시림에도 눈이 풍성해진다. 눈이 내려 더욱 적막하기만 한 산속을 굽이굽이 올라가는 차 안에서, 눈으로 가득한 계곡을 내려다보고 가지마다 피어 있는 설화雪花를 보노라면 별천지에 온 것 같았다. 매서운 추위에 정신이 맑아지는 겨울 특유의 정화된 별천지. 봄과 여름, 가을의 꽃이 색깔이 다양한 서양화라고 한다면, 가지와 꽃이 순백인 겨울 설화는 먹으로 그린 담백한 동양화이다. 서양화보다는 동양화에서, 화려한 꽃보다는 설화에서 더 깊은 정신세계를 느끼는 것은 나만의 생각일까?

한라산 중턱을 넘으면 주위 경관이 달라진다. 파란 하늘이 창가에 다가오면서 그 많던 눈은 사라지고 따뜻한 햇살이 사방에 가득하다. 멀리 남쪽에는 바다가 반짝거리고 서귀포 시내가 정겹게 눈에 들어온다. 이제 버스 기사는 속력을 내고, 조수는 졸기 시작하고, 내 마음은 아내와 딸이 기다리는 집으로 달려간다.

어느 날 원장님이 무의촌에서 근무하는 동안 운전면허를 취득해 보는 것이 어떻겠느냐고 권유하셨다. 차가 없는 우리에게 무슨 소용이 있겠느냐고 반문하는 나에게 일본은 이미 '마이카 시대'가 되었고 우리들도 곧 자가용을 가지게 될 거라고 하셨다. 1979년 겨울 한라산 중턱에 있는 운전학원에 등록하고 타이탄트럭으로 연습을 하기 시작했다(그 당시 제주도에는 승용차용 운전면허가 없었다).

운전학원에서 안면이 있는 마이크로버스의 조수 소년을 몇 명 만났다. 이들은 법률상 열여덟 살이 되면 자동차 면허시험을 볼 수 있고, 합격하면 조수에서 운전기사로 신분이 상승한다. 어려운 가정 형편 때문에 학교교육을 제대로 받지 못한 그들에게 운전기사는 선망의 직업이어서 이 꿈을 이루기 위해 몇 년씩 참으면서 고달픈 조수 생활을 하는 것이다. 틈틈이 운전 연습을 하여 기술적으로는 숙달되어 있는 이들에게 정작 문제는 필기시험이었다. 학원 강사의 말을 경청하며 공부도 열심히 했지만 번번이 떨어져 안타까웠다.

우리에게 필기시험은 누워서 떡먹기였다. 암기도 잘했지만 상식적으로 생각하면 풀 수 있는 내용도 많았다. 그동안 수없이 시험을 보아 얻은 경험으로 객관식 정답을 찾아내는 노하우까지 가지고 있었으니! 하룻밤을 공부한 우리 세 명은 필기시험을 한번에 통과하였다. 그러나 실기시험이 문제였다. 초보자인 우리에게 학원에 있는 중고 트럭은 운전하기에 버거웠다.

드디어 실기시험 날이 다가왔다. 오전에 코스 시험에서 운전학원의 우려대로 두 명이 떨어지고 나 혼자만 간신히 통과하였다. 오후에 있는 주행 시험에는 경찰관이 조수석에 배석하여 평가하였다. 수험생을 트럭 뒤에 가득 태우고 멀리 제주시 밖의 한

가한 신작로에서 주행 시험을 시작하였다. 모두 트럭 뒤에 태운 상태에서 순서대로 운전석에 앉아 주행을 하고 그 자리에서 경찰관이 합격 여부를 판정하였다.

그런데 합격자는 트럭 뒤에 다시 태우고 불합격자는 걸어서 집에 보내는 것이 아닌가! 나는 합격 여부보다도 이 외딴 곳이 어디이며, 여기서 서귀포 우리 집을 어떻게 찾아갈지가 더 걱정이었다. 옆에 앉아 있는 사람에게 물어보았으나 건성으로 대답하고, 점점 더 불안해지면서 운전 시험을 권한 원장님이 원망스럽고 덜커덕 응한 나 자신도 한심하게 여겨졌다.

내 순서가 되었다. 명함을 주면서 서귀포도립병원 과장이라고 하니 경찰은 다소 부드러운 목소리로 운전 연습은 많이 하셨냐고 물어본다. 나는 요즈음 응급환자가 많아 시간이 없었다고 엄살을 부리고 나서 주행을 시작하였다. 시험용 트럭은 학원의 트럭보다 새 차여서 운전하기에도 부드러웠다.

그런데 자신이 생겨 운전하고 있는 나를 한심하다는 표정으로 바라보며 경찰관이 소리치는 것이 아닌가. "정말 환자가 많아 운전 연습을 못하셨군요! 빨리 차 뒤에 다시 타세요." "아이쿠, 감사합니다." 물론 그날 밤 나는 트럭을 타고 제주 시내로 나와 안전하게 귀가할 수 있었다.

지금도 무의촌 파견 때 얻은 많은 소중한 경험과 함께, 제주도에서 발행한 운전면허증을 감사한 마음으로 사용하고 있다.

미국에서 만난 소중한 인연

은사인 고창순 교수님은 뇌신경학과 종양학에서 핵의학의 미래를 보고 우리나라 최초의 핵의학 전공자인 이명철 선생님을 존스홉킨스 대학에 보내 뇌신경 PET(양전자단층촬영술) 연수를 받게 하셨다. 그리고 두 번째로 나를 NIH(미국국립보건원)에 보내 암의 영상진단과 치료를 공부하게 하셨다. 이렇게 나는 1988년 2월부터 1989년 8월까지 1년 반 동안 NIH 핵의학과에서 연구원 생활을 하게 되었다. 단일클론 항체에 방사성동위원소를 표지하여 암 진단과 치료에 응용하는 것이 연구 내용이었다.

그 당시 NIH 핵의학과 과장인 랄슨 박사는 세계 최초로 방사능 단일클론 항체를 이용하여 연구를 하고 있었다. 레이놀즈, 카라스퀼로, 뉴먼 등과 함께 시애틀에서 하던 연구의 성과가 있자 팀 전체가 NIH로 옮겨 온 것이었다. MD 앤더슨 병원의 김의신 교수 소개로 랄슨 과장으로부터 연수 허락을 받았다.

1987년에 일찌감치 우리 병원에서 해외 연수에 필요한 절차를 끝내고 정식 초청장을 기다리고 있었다. 초청장이 와야 미국 입국 비자를 받을 수 있기 때문이다. 그런데 초청장은 감감 무소식이었다. 여러 번 편지도 보내고 국제전화를 해도 연결조차 어려웠다. 1988년 1월 말에야 답변이 왔는데, 그곳 실험실이 복잡하고 사람이 많아 나를 받을 수 없다는 간단한 내용이었다. 난감해진 나는 김의신 교수에게 전화하고 랄슨 과장에게 다시 부탁하여 겨우 초청장을 받아 가족과 함께 미국으로 건너갈 수 있었다.

나는 우리나라에 핵의학을 중흥시키겠다는 사명감과 미국에서 뛰어난 업적을 내겠다는 각오로 연수를 준비하고 있었다. 미국인에게 영어회화도 배우고 생화학교실에서 분자생물학의 기초적인 실험 기법도 배웠다.

초청장 문제로 다소 체면이 깎였지만 기다리는 동안 가족과 친구, 선후배의 따뜻한 환송과 격려를 받았다. 우리 가문家門에서 처음으로 미국에 유학 가는 장손인 나를 환송하기 위해 고향에서 친척들이 올라와 김포공항 출국장에는 서른 명 이상이 북적였다. 시골에서 온 작은할머니가 떠나는 우리를 붙잡고 통곡하는 진풍경도 연출되었다.

NIH에 가보니 핵의학과에는 나 이외에도 일본과 이탈리아, 독일에서 온 여섯 명의 연구원이 있었다. 그런데 모두 NIH에서 월급을 받고 나만 우리 병원의 지원으로 연수를 하고 있는 게 아닌가! 자존심이 상했다. 연구 내용도 잘 모르고 실험 기법도 미숙했지만 조금씩 익숙해지면서 점차 인정도 받게 되었다. 온 지 6개월이 되는 날 연구회의를 마치고 레이놀즈 박사에게 NIH에서 월급을 지급해 달라고 요청하였다. 한국에서 돈을 받지 않느냐고 반문하는 그에게 지원이 적어서 다 썼다고 미리 준비해 둔 대답을 하였다. 그는 흔쾌히 나의 청을 받아 주었다. 정작 행정 수속이 느려 3개월이 지나서야 월급을 받게 되었지만.

일본 연구원의 경우 교토대학과 가나자와대학에서 후배들이 NIH 자금으로 연수를 받을 수 있도록 가끔 이곳 사람을 일본에 불러 대접을 하면서 인간관계를 유지하고 있었다. 이탈리아 연구원의 경우도 마찬가지였다. 이들을 보면서 나는 결심하였다. 비록 나는 선배가 없어 고생했지만 내 후배들은 이들처럼 정식으로 연수를 오게 하겠다고. 이후 임상무, 박석건, 배상균, 궁성수, 최창운 선생이 차례로 이곳에서 NIH 자금으로 연수를 받았다.

랄슨 과장은 뉴욕의 슬로언-케터링 기념 암센터로 곧 자리를 옮겼다. 아마도 이 일 때문에 내 초청을 등한시해 늦어진 것 같았다. 과장은 레이놀즈 박사에게 내 연구의 지도를 맡겼다. 그는 원래 내분비내과 전공이었으나 소아마비를 앓은 후 핵의학으로 전공을 바꾸어 연구를 하고 있었다.

나는 쾌활한 카라스퀼로나 점잖아 보이는 뉴먼을 내심 원했던 터라 실망하였다. 그러나 실력은 레이놀즈 박사가 으뜸인 것 같았다. 대학에서 화학을 전공하여 기초가 튼튼한 데다 내과 임상 경험이 있어 임상 연구에서 뛰어난 능력을 보였고, 암 연구에서 항체 적용의 이론적 근거를 제공하였다. 자녀가 없는 그는 항상 늦게까지 연구실에 있었다. 연구에 대한 기본 지식이 빈약한 나에게는 가장 적절한 선생님이었다. 매주 금요일 오후에 둘이서 만나 일주일 동안 연구한 결과를 토의하면서 많은 것을 배울 수 있었다. 또 그는 일과 후에 NIH에서 하는 강의와 실습에 나를 등록시켜 공부할 수 있도록 했다.

비사교적인 성격에다가 불편한 몸과 어눌한 말씨의 레이놀즈 박사는 과에서 인기가 없었다. 그러나 나는 우리나라에서 하듯이 그를 선생님으로 깍듯이 대접하였다. 내가 발표하는 슬라이드나 자료가 있으면 복사해서 따로 챙겨 주고, 레이놀즈 박사가 맹장 수술을 받은 후에는 인삼차를 선물하기도 했다. 연구 수기에도 익숙해지고, 또 아이디어를 내어 실험 기법을 향상시키면서 점차 그의 신임을 얻을 수 있었다.

친숙해지고 보니 그는 착하고 따뜻한 사람이었다. 수술 후 회복 기간에 그의 집에서 연구에 대해 토론할 때는 손수 음식을 만들어 주기도 했다. 기대했던 실험 결과가 나와 함박웃음을 지을 때면 영화배우 폴 뉴먼과 닮아 멋있다는 생각이 들었다. 연수 후 내가 귀국할 때 NIH에 남는 것이 어떠냐고 제안도 하였고, 한국에서 연구를 계속할 수 있도록 다른 실험실과 회사에서 항체도 구해주었다. 그는 1991년에 대한핵의학회 초청으로 한국을 방문했고, 그 후 다섯 명의 연구원을 받아 주었다. 더 이상은 미안하여 부탁하지 못했다.

연수를 끝내고 귀국할 때 레이놀즈 박사가 선물이라면서 커다란 박스를 건네주었다. 풀어 보니 가을 호수와 청둥오리가 그려진 〈고요Quiescence〉라는 제목의 판화였다. 에디션 번호가 적혀 있는 한정판으로 가격도 만만치 않아 보였다. 말은 하지 않아도 작별을 아쉬워하는 심정을 잘 알 수 있었다.

그 후 레이놀즈 박사는 심근경색으로 기초 연구를 접고 주로 핵의학 진료만 하게 되었다. 그러나 여전히 학구적이어서 좋은 논문을 발표하여 1999년 미국핵의학회지에서 선정한 우수임상 연구상 Outstanding Clinical Investigation Award을 나와 나란히 받기도 했다. 그러나 최근에는 레이놀즈 박사가 미국핵의학회도 간혹 가다 참석하고, 2006년 우리나라에서 세계핵의학회를 개최할 때 초청했으나 오지 못해 오랫동안 만나지 못했다.

다음은 2009년 내가 대한의학회 임상의학상을 수상했을 때 그가 보낸 축하 편지의 일부이다.

This is a very deserved and prestigious award
recognizing your extraordinary career and service to
Korean and international medicine. Congratulations.
You are an outstanding scientist and person.
I am privileged to have had you as my fellow.

이 상은 한국과 세계의학계에서
그동안 정 선생이 보여 준 비범한 공헌에 대한
당연하고 영광스러운 상입니다. 축하해요.
정 선생은 뛰어난 과학자이자 특출한 사람이지요.
당신이 내 연구원이 되어 같이 지낸 것은 정말 큰 영광이었습니다.

나 역시 NIH에서 그와 같이 연구한 것은 하늘이 준 소중한 인연이었다고 생각한다.

더 넓은 세상에서 더 많은 경험을

나는 1988년 초부터 1년 반 동안 워싱턴 DC 옆에 있는 NIH(미국국립보건원)에서 연구원 생활을 했다. 일반 대학에서는 학부를 졸업하고 대학원 시절부터 해외에서 공부하여 경력을 쌓은 다음 한국에 와서 교수로 채용된다. 의대는 대학을 졸업한 후 병원에서 5년의 전공의 과정을 거쳐야 하므로 좀 다르다. 전문의가 된 후 교수로 채용되고, 2년 정도 지난 뒤에 해외 연수를 다녀온다. 이런 나이에는 보통 결혼을 하고 아이도 있어, 30대에 온 가족이 함께 외국 생활을 하게 된다. 이런 경험은 본인과 가족의 인생에 큰 영향을 주기 마련이다.

해외 연수라지만 대부분 미국에서 한다. 현대는 팍스 아메리카나Pax Americana 시대이기 때문이다. 미래학자 프리드먼은 앞으로도 백 년 동안은 미국이 세계 최강국의 위치를 고수할 것이라고 했다. 학문 분야에서는 더욱 심해서 미국의 학회와 학회지가 바로 세계 학회와 학술지의 역할을 한다. 이름 자체도 그렇다. 예를 들면, 미국핵의학회는 'American Society of Nuclear Medicine'

이 아니라 그냥 'Society of Nuclear Medicine'이고 학술지는 'Journal of Nuclear Medicine'이다. 이름에 걸맞게 이 학회와 저널에는 미국뿐 아니라 전 세계의 핵의학 전문가가 관여하고 있다.

우리나라 정부에서 지원하는 해외 연수를 처음부터 온 가족이 함께 갈 수 있었던 것은 아니다. 1960년대까지는 본인 혼자만 나가다가, 1970년대에 들어와서야 가족을 동반할 수 있었으나 귀국을 보장하기 위해 가족 중 한 명을 인질(?)로 남겨 두어야 했다. 대개는 막내아이를 할아버지와 할머니에게 맡기고 떠났다. 출국할 때 남기고 가는 아이가 애처롭고 미안해서 공항에서 부인은 눈시울을 붉히곤 했다고 한다.

온 가족과 함께 가니 아파트를 구하고 자동차를 사는 것부터 아이를 학교에 보내는 것까지 정착에 시간이 걸렸다. 미리 들은 정보로는 이런 일을 해결할 수 있도록 실험실에서 한두 주일 정도의 여유시간을 준다고 했다. 그런데 내 연구 지도를 맡은 레이놀즈 박사는 만나자마자 나에게 이것저것 실험에 필요한 사항을 가르쳐 주는 것이었다. 며칠 후 레이놀즈가 보이지 않아 다른 직원에게 물어보았더니, 유럽 학회에 갔다고 한다. 나에게도 이 사실을 알리고 미리 알아야 할 사항을 이야기한 것인데, 내가 영어를 제대로 알아듣지 못한 모양이었다.

아이들이 같이 가니 미국 학교에 보내는 것이 큰일이었다. 떠나기 전에 알파벳을 외우게 하고 간단한 영어회화를 가르쳤다. 미국에서 아이의 기를 살려 주기 위해 이태원에 가서 가짜 유명

브랜드가 새겨진 외출복을 준비하기도 했다. 미국 학교에 처음 등교할 때 부모도 걱정이지만 아이들도 겁을 먹은 모습이었다. 그러나 귀가할 때는 모두들 웃으면서 학교생활이 즐겁다고 했다. 선생님들이 신경을 많이 써주고 작은 일에도 칭찬을 해 주기 때문이었다.

우리는 두 딸을 초등학교와 유치원에 보냈는데 학교 당국에 프리런치free lunch를 신청했다. 딸들에게는 아빠가 미국 정부 기관에서 월급을 받지 않고 공짜로 일을 해주니까, 너희들도 공짜 점심을 먹을 권리가 있다고 설득했다. 일단 프리런치를 받게 되니까 등록이 되어 다른 교육 프로그램에도 무료로 참여할 수 있었다. 방과 후 테니스 교육과 발레 연습에서부터 여름 캠프에 이르기까지.

미국에서는 한국 학생이라고 하면 으레 공부를 잘하는 것으로 여긴다. 학생이 우수하다기보다는 부모들이 교육에 신경을 많이 쓰기 때문이다. 아마도 학문을 숭상하는 유교의 영향이기도 할 것이다. 또 일제 통치와 한국전쟁에 의해 과거의 사회구조가 붕괴되고 교육에 의한 능력에 따라 재편되는 것을 경험했기 때문이다. 그래서 미국 학생은 대학 학비를 스스로 조달하지만 한국 학생은 거의 부모에게 의존한다. 일부 한국 학생은 졸업 후 취직한 직장에서 조금만 힘들면 부모에게 의지해 다시 학교로 돌아와 다른 분야를 공부하기도 한다. 미국에 살면서도 아이들이 귀국해서 뒤떨어지지 않도록 우리나라 교재로 공부를 시키는 부모도 있었다. 그러나 우리 부부는 아이들이 미국에서 자유롭고 즐겁게 보내도록 했다. 여름이면 아이들은 아파트 단지 안에 있는 수영장에서 하루 종일 지내 피부가 까맣게 그을렸다.

  한국에 있을 때는 친구, 친척, 학교 동문, 신앙, 사회생활 등으로 여러 분야의 사람들과 연결되어 있다. 그래서 집안에 무슨 일이 있을 때면 그 일의 전문가가 지인 중에 있게 마련이다. 긴요한 경우에는 직접 찾아가 부탁하지만 전화로 부탁해도 웬만한 일은 해결된다. 그런데 미국에 오니 이런 사회적 네트워크가 없는 것이 문제였다. 마침 둘째 딸이 이갈이를 하고 있었는데, 한국에 있으면 내가 전혀 신경 쓸 일이 아니지만 미국에서는 내가 직접 빼 주어야 했다. 물론 금방 익숙해졌고 딸애와 추억을 공유하는 좋은 점도 있었지만 말이다.

  미국 교포들은 주로 교회를 통해서 이런 네트워크를 형성한다. 미국은 기독교가 대세인 사회라 교회에 나가면 적응하기도 쉽고 교회로부터 많은 도움을 받을 수 있다. 워싱턴에 와보니 고교 동창 세 명이 있고, 알고 지내던 고교 후배도 있었다. 이들과 자주 만나면서 도움도 받고 미국 이민생활의 희로애락도 알 수 있었다. 연말에 고교 동문 송년회에 참석하니, 주미 동창회에서 초청한 모교의 원로 교사 두 분이 와 계셨다. 로스앤젤레스에서 일주일 머물고 동부로 건너와 워싱턴 DC, 뉴욕 등을 다시 일주일 예정으로 방문하는 여정이었다. 한 분은 내가 재학 중일 때도 계셨던 선생님이라 반가웠다. 이곳 동문들은 자원해서 원로 교사의 숙식과 안내를 나누어 맡는다고 했다.

그러나 누구보다도 직접 도움을 주고받는 상대는 같이 연수온 선생님들이었다. 당시 NIH에 한국에서 연수차 온 의대나 자연대 교수가 10명 정도였는데, 대부분 같은 아파트에 살았다. 또 서울대학교 출신이 제일 많고 연세대학교, 가톨릭의대, 중앙대학교, 전북대학교 등 전국에서 모였다. 정착하고 적응하는 데 먼저 온 사람이 뒤에 오는 사람에게 큰 도움을 주었다. 또 같은 처지여서 서로 이해하고 괴로움과 즐거움을 나눌 수 있었다. 이곳에 이민을 와서 NIH에 취직한 한국인까지 합하면 30명 정도 되어, 추석 때 파티를 열기도 했다. 당시에는 NIH에 일본 사람이 제일 많아 3백 명 정도였는데, 지금은 한국인 수가 그 정도 된다고 들었다.

시대 흐름에 따라 선호하는 연수 기관도 변했다. 우리 선배 교수들은 보스턴에 있는 하버드 대학이나 MIT에 연수를 많이 갔다. 세계적으로 유명하기도 하고 우리에게 다른 정보가 없었기 때문이다. 그 다음에는 UCLA, 스탠포드 대학, UC 샌프란시스코, UC 샌디에이고 등으로도 갔다. 아무래도 서부 지역이라 우리나라와도 가깝고 한국인도 많아 생활이 편리하기 때문이다. 우리 때부터 NIH가 대세가 되었다.

NIH는 미국 보건성 소속으로 정부의 의학연구비를 전부 관장한다. 매년 2백억에서 3백억 달러(우리 돈으로 25~35조 원)의 큰 재원 가운데 80퍼센트는 전국 의대에 나누어 주고 나머지를 자체 내에서 사용한다. 따라서 자금도 풍부하고 외국에서 온 연구원을 위한 인건비도 여유가 있었다. 내가 연수를 할 때도 이미 미국의 경기가 나빠지기 시작해 일반 의대에서는 연구비가 줄어들고 있어, NIH를 선택하기 시작했다.

막상 와 보니 NIH는 내가 생각한 것보다 훨씬 큰 조직이었다. 스물일곱 개의 연구소로 이루어진 국립 기관이고, 워싱턴 DC 북쪽의 넓은 대지에 예순 개가 넘는 크고 작은 건물이 있었다. 근무하는 연구원이 6천 명이었는데, 서로 왕래하기가 쉽지 않아 셔틀버스를 운행하고 있었다. 나는 병원 건물에 있는 핵의학과에서 일했다. 약 2백 개 병상을 갖춘 병원으로, 입원 환자는 모두 임상시험에 참여하는 경우였다. 예를 들면, 새로운 항암제, 진단 기기나 시약 연구 등 1천 5백 개 과제에, 전액을 국비로 충당해 환자가 병원에 오가는 교통비까지 지원하였다. 나처럼 실험에 서툰 외국 연구원도 이곳에서는 눈치를 보지 않아도 됐다. 마음껏 연구를 할 수 있고 실수하거나 실패하더라도 크게 개의치 않아서 새로운 실험을 배우기에 좋았다.

미국이 이렇게 막대한 돈을 의학 연구에 쏟는 이유는 인류를 위한 것이기도 하지만, 그 이면에는 의생명 분야의 세계 시장을 장악하여 선도하려는 의도도 있다. 막대한 자금과 인적 자원으로 다른 나라보다 앞서 가고, FDA라는 조직이 있어 다른 나라의 신제품을 상품화하기 어렵게 한다. 그 결과 지금까지도 의생명 과학이나 의료 시장에서 미국 제품이 주도하고 있고, 일본도 아직까지 그 휘하에 두고 있다.

연수 기간 동안 연구도 열심히 했지만 견문을 넓히고 미국 생활을 가족과 충분히 즐기라는 선배의 조언을 따르려고 노력했다. 다른 학교와 연구소도 견학하고, 다른 도시와 자연을 즐길 겸 주말에는 가능하면 여행을 갔다. 자동차로 가니 웬만한 곳은 보통 다섯 시간에서 열 시간 정도 걸렸다.

금요일 저녁, 레이놀즈 박사와 그 주에 한 일을 토의하고 온 후에 우리 가족은 저녁식사를 하고 여행을 떠났다. 내 차는 스테이션 왜건으로 뒷좌석을 젖히면 짐칸까지 평평하게 펼쳐졌다. 여기에 담요를 깔아두면 아이 세 명은 자기들끼리 놀다가 잠이 들고 집사람과 나는 밤새 번갈아 운전을 했다. 중간에 지치면 라면을 끓여 먹었다. 한밤중의 고속도로는 너무나 한적했다. 컴컴한 도로를 우리 차만 달리고 있어 겁이 날 때도 많았다. 그러다 앞차를 만나면 반가워 쫓아가곤 했다. 어둠이 걷히고 해가 뜰 무렵, 열 시간여의 운전 끝에 목적지에 도달하고 아이들도 잠에서 깨어난다.

그 당시는 모두 돈이 부족해서 으레 친구나 친지의 집에 가면 그 집에서 머물면서 관광을 했다. 마침 의대 동기생들이 비슷한 시기에 미국으로 연수를 왔고 우리는 보스턴, 뉴욕, 디트로이트, 애틀랜타 등 차를 타고 열 시간 이상 운전하여 서로 찾아다녔다. 특히 우리가 있는 NIH는 미국의 수도인 워싱턴 DC 근교에 있어 방문객이 많았다. 고등학교와 대학교 친구, 선배, 선생님, 친지 등이 워싱턴에 관광을 올 때면 우리 집에서 묵었다.

우리는 간단한 관광 안내서를 갖추어 놓고 지하철 노선과 자가용으로 가는 경우 주차 위치 등을 안내해 주었다. 저녁이면 집사람이 만든 김치찌개를 맛있게 먹곤 했다. 나중에 세어 보니 1년 반 동안 36회, 대략 두 주일에 한 번꼴로 방문객이 있었던 셈이다. 그러나 당시에는 힘들지도 않았고 오히려 반갑고 재미있는 일이었다.

외국 생활을 하면 가족 간의 유대가 강해지기 마련이다. 우리나라에 있을 때는 저녁마다 각종 모임과 회의가 있어 가족과 같이 지내는 시간이 적기 마련이다. 미국에서는 사실상 사회생활을 거의 안 하니까 많은 시간을 가족과 보낸다. '식구食口'라는 한자의 뜻 그대로 매일 밥을 같이 먹는다. 같이 지내는 시간이 많으면 갈등이 생길 수 있으나, 대부분 더 친해지고 많은 추억을 공유하게 된다. 아무래도 외로운 외국 생활이다 보니 서로 감싸고 단합하게 된다. 물론 한국에 있는 부모님과 형제에 대한 애틋함도 생기고. 이 모두는 귀국한 후에도 좋은 영향으로 남는다.

마지막으로 자동차와 관련된 에피소드를 몇 가지를 소개하겠다. 미국 주유소는 대개 셀프서비스다. 차에 휘발유를 넣고, 정산하는 직원에게 가서 주유기 번호를 말하면 계산을 해 준다. 직접 주유를 해 본 적이 없는 우리는 간혹 실수를 하기 마련이다.

미국에서 처음으로 차에 기름을 넣고 주유기를 보니 86이라고 쓰여 있었다. 직원에게 86번이라고 말했더니 눈치가 조금 이상했으나 정산은 되었다. 며칠 후 다시 주유를 하는데 또 기계 번호가 86이었다. 이번에는 직원이 86이라는 내 말을 못 알아듣는 것이었다. 86이라고 천천히도 말해 보고 굴려서 발음해 보고, 나중에는 8, 6이라고 따로도 말해 봤으나 못 알아들었다. 할 수 없이 직원과 같이 와서 보니 주유기 번호는 따로 있고 86은 옥탄가 수치가 아닌가!

　나보다 한 달 먼저 미국 NIH에 온 내과 동기인 M선생은 우리 가족이 정착하는 데 큰 도움을 주었다. 나는 중고차를 구입했고, M선생은 10년 된 탱크처럼 생긴 큰 차를 선배에게서 물려받았다. 곧 현충일 연휴가 되어 나이아가라 폭포에 가보기로 했다. 마침 시라큐스에 집사람 친구가 있어 우리 가족은 그곳에 들렀다가 폭포를 구경할 예정이었고, M선생 가족은 바로 폭포를 거쳐 캐나다로 건너가는 여행을 계획하였다. 친구 집에 있는데 M선생으로부터 전화가 왔다. 캐나다에서 차가 고장 나 움직일 수가 없어 시골 모텔에 있으니 데리러 오라는 것이다. 다음 날, 부랴부랴 나이아가라 폭포를 관광하고 캐나다로 들어갔다. 세 시간을 운전하여 저녁 무렵 모텔에 도착하니 이미 폐차를 한 뒤였고 가지고 간 짐이 산더미였다. 음식은 물론 전기밥솥과 두 아이의 자전거까지!
　다음날 아침 우리는 짐을 차 위에 묶고 차 안에도 가득 넣고 남은 비좁은 자리에 아홉 명이 쪼그리고 앉아, 열두 시간을 운전하여 집으로 돌아왔다. 내 차마저 고장 나면 큰일이므로 규정 속도를 지키면서 천천히…….
　미국과 캐나다의 국경선을 넘을 때였다. 우리 차의 미국 번호판을 본 경찰은 "Welcome home!"이라고 하면서 손으로 통과 신호를 보냈다. 그러나 여권에 도장을 받아야 하는 우리는 차를 길가에 세우고 모두 내려야 했다. 상상해 보시라. 짐이 가득한 비좁은 차 안에서 아홉 명이 여권을 들고 뛰어나오는 장면을! 놀란 경찰관의 모습을 생각하면 지금도 웃음이 절로 나온다.

의사의 길로 들어서다

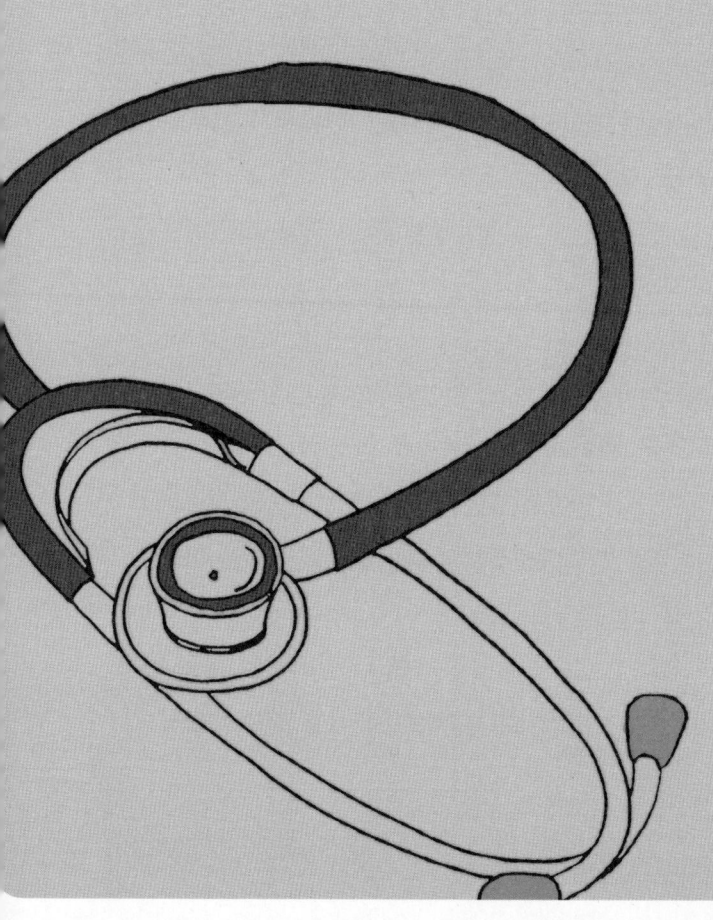

잊지 못할 환자

내과 레지던트 2년차이던 1979년 겨울, 나는 의무적으로 해야 하는 무의촌 근무로 제주도 서귀포도립병원에서 6개월 동안 일하고 있었다. 보건소보다 조금 큰 규모의 도립병원에 전문의는 원장님 한 분뿐이었다. 최소한의 진료 과목인 내과, 외과, 산부인과, 소아과 의사를 모두 무의촌에 파견되는 레지던트로 보충하고. 당시 나는 스물여섯 살로 젊고 의욕에 불타 나름대로 환자 진료에 최선을 다하고 있었다.

병원에서 진료는 주로 외래와 응급실 환자였고, 맹장염이나 탈장처럼 가벼운 외과 수술은 제법 있었다. 시간이 있을 때면 나도 수술에 참여하곤 했다. 한라산 남쪽으로 병원 하나만 야간 진료를 했기 때문에 응급 환자는 밤에 많았다. 도립병원과 개인의원이 번갈아 문을 열었고, 제주신문에 그날의 당직 병원을 명기하여 환자들이 쉽게 알고 찾아왔다.

예전에는 제주도에서 임종 전에 의사를 만나 진료를 받으면 자식이 효자 소리를 듣는다고 했다. 그만큼 의사가 적었다. 아르바이트로 당직을 하던 나사로병원의 원장실에서 옛날 사진을 구경하다가, 원장님이 서울에서 의학박사 학위를 받을 때의 사진을 찾았다. 얼마나 자랑스러웠던지 제주도로 오는 비행기 안에서, 또 비행기에서 내리는 계단에서 학위 복장을 하고 박사모를 쓴 채 촬영한 사진도 있었다. 내가 근무할 때에도 환자가 웬만큼 아파서는 병원을 찾지 않다가 견딜 수 없는 지경이 되어서야 찾아오곤 했다.

어느 날, 그동안 익힌 최신 의료 지식을 발휘할 기회가 드디어 찾아왔다. 서귀포에서 떨어진 어촌에 사는 열아홉 살 청년인 B가 고혈압으로 군대 면제용 진단서를 받으러 병원에 온 것이다. 수축기 혈압이 200mmHg가 넘는 중증 고혈압으로, 동맥경화로 고혈압이 생길 나이는 아니었다. 청진기로 자세히 진찰해 보니 배에서 신장 혈관 협착이 의심되는 잡음이 들렸다. 신장 혈관이 좁아져 콩팥에서 혈압 상승 물질이 분비되어 생기는 '신혈관성 고혈압'인 것이다. 이런 경우 좁아진 혈관을 수술로 넓혀 주면 혈압이 정상으로 내려간다. 신이 난 나는 고혈압의 원인을 찾았으니 수술로 완치할 수 있다고 확언하였다.

무의촌 근무를 마치고 서울대학교병원으로 복귀한 후 교수님께 부탁하여 B를 무료 환자로 등록해 입원시켰다. 서울에 처음 온 그는 병원에서 나를 보자 황송해 했고 그의 부모님도 나를 하느님이 보내준 사람으로 여겼다. 그러나 정밀 검사를 한 결과 전신의 여러 혈관이 염증으로 좁아지는 '다카야수Takayasu병'으로 확진되어, 수술도 효과가 없고 약물 치료밖에 달리 방법이 없었다. 나는 실망했지만 정작 그는 수술을 안 하게 되었다며 좋아하면서 고향으로 돌아갔다. 그 후 연말마다 편지와 귤을 보내는 등 나에게 연락을 계속했지만 눈코 뜰 새 없이 바쁜 레지던트 생활로 점차 그의 존재를 잊어버리게 되었다. 나를 형님으로 생각하며 따르는 그가 부담스러웠던 것도 사실이다.

레지던트를 마친 후 3년 동안 군 복무를 하고, 전임강사로 다시 대학병원에 근무하게 된 1985년 겨울 어느 날 B의 외삼촌이라는 분이 찾아왔다. 그동안 나를 많이 찾았다면서 병이 악화되어 B가 지금 우리 병원 중환자실에 있다는 것이다. 대동맥과 심장 관상동맥 여러 곳이 심하게 좁아져 약물 치료로는 심장 기능이 유지되지 않는 상태였다.

당장 중환자실로 달려갔다. 산소 호흡기를 달고 있던 B는 나를 보자 무척 반가워하였다. 5년 동안 나를 찾으려고 애썼고, 그사이에 결혼을 했다는 등 숨쉬기 힘든 가운데서도 많은 이야기를 하고 싶어 했다. 벌써 두 아이가 있다는 그의 말에서 아버지로서의 자부심이 묻어났다. 친형을 만난 것처럼 좋아하는 그를 보면서 나는 반가움도 잠깐이고 악화된 병세에 두려움마저 들었다. 수술을 앞둔 그는 중환자실을 나서는 나를 향해 합장을 했다. 그것이 살아서의 마지막 만남이었다.

다음 날 그해 들어 가장 추웠던 일요일, 수술을 앞두고 B의 아버지와 외삼촌이 교수아파트로 찾아왔다. 그 당시로는 아주 귀했던 파인애플, 바나나와 귤을 한 상자 가득 들고서. 집사람이 홍차를 대접했는데 B의 아버지는 홍차 티백을 뜨거운 물에 담그지 않고, 봉지를 뜯어 가루를 물에 타서 먹었다. 처음 먹어 보는 것이다. 원로배우 고 김승호 선생이 가난한 미장이로 나오는 〈박서방〉이라는 옛날 영화에 똑같은 장면이 나온다.

수술이 쉽지 않을 것을 알고 있는 나는 그런 B의 아버지를 보니 더 큰 부담을 느꼈다. 이분들은 환자를 도와줄 지식이나 힘이 없고, B의 생사가 전적으로 우리 의사의 손과 능력에 달려 있는 셈이었다. 나로서는 환자의 중한 상태를 다시 설명하고 수술에 대한 걱정을 같이 해 주는 것밖에 달리 도리가 없었다.

월요일 오전, B의 외삼촌이 다급한 목소리로 내 방을 다시 찾았다. 수술이 심상치 않다는 것이다. 부랴부랴 수술장에 간 나에게 동기생인 흉부외과의 안혁 선생이 환자가 수술대에서 사망했다면서 그의 심장을 보여 주었다. 심장은 크게 부풀어 있었고 심장 관상동맥 혈관 대부분이 노란 지방 성분으로 막혀 있었다. 나는 이미 파래진 B의 얼굴을 확인하고는 수술장을 황망하게 빠져나왔다.

영안실을 찾아갔을 때 그의 가족은 "괜히 선생님을 찾아서 마음만 아프게 했다."면서 오히려 나를 위로하고 담담한 모습으로 서 있었다. 나는 그동안 최선을 다해 돌보지 못했다는 생각에 고개를 들 수가 없었다. 항공사와 이야기가 잘되어서 다음 날 B의 가족은 시신을 싣고 제주도로 떠났다.

지금도 그를 생각하면, 중환자실에서 두 손으로 합장하던 모습과 수술대 위의 파래진 얼굴이 겹쳐 보인다. 이 험한 세상에서 아버지 없이 자라고 있을 두 아이에 대한 걱정과 함께. 그리고 지금도 아무런 죄 없이 질병과 죽음이라는 고통에서 헤어 나오지 못하고 있는 우리 존재의 의미가 무엇인지 반문하곤 한다.

의사는 신이 아니다

　의사 면허를 받으면 모두 훌륭하고 좋은 의사가 되겠다고 다짐을 한다. 인턴 시절 외과를 돌면서 잠을 못 자고 밥을 굶어 가며 몸은 힘들었지만 의대 시절의 시험으로 인한 스트레스와 피로에 비하면 오히려 편하기까지 했다. 그러나 정작 환자를 대하기 시작하면서 처음 느낀 것은 정신적 긴장과 피로였다.
　의업醫業은 사람의 생명을 다루는 직업이고, 사람의 생명은 무엇보다도 고귀하며 일회성이기 때문에 의료에서 실수는 용납되지 않는다. 이 말은 이론상으로는 맞지만, 현실적으로는 그렇지 못하다. 우리 의사들은 완벽한 신神이 아니기 때문이다.
　의사들도 예기치 못한 실수를 하게 된다. 그럴 때면 환자나 보호자가 반발을 하지만 사실은 의사 자신이 더 괴로워한다. 내 경우에도 전공의 시절에 주사약의 1인 용량을 체중 1킬로그램당 용량으로 착각하여 정확히 50배나 더 투여해 문제가 된 적이 있었고, 동료 중 한 명은 좌우左右가 헷갈려 오른쪽 폐에 늑막액이 있는 환자의 왼쪽 폐에 주사침을 넣어 고생을 한 경험이 있다. 그

뒤부터 나는 약의 용량이나 병소의 좌우를 파악할 때면 몇 번씩 확인하는 강박적이기까지 한 습관을 가지게 되었다.

이렇게 의사들은 자신의 실수뿐 아니라 동료 의사의 실수를 보면서 세세한 부분까지 확인하게 되고 점점 소심해져 간다. 환자의 상태, 검사 소견, 치료제, 수술, 마취 등 모든 단계마다 확인을 거듭하고 식사, 이동, 수면 등 사소한 일상생활에서도 예기치 못한 상황을 경계해야 한다. 이런 과정을 거치면서 의사들은 소위 '좁쌀'이 되어 간다. 그만큼 항상 정신적으로 긴장하고 있다는 말이다.

정신적으로 나를 힘들게 한 다른 하나는 피로감이었다. 병에 대한 환자와 보호자의 궁금증, 앞날에 대한 불안감을 덜어주기 위해 상담하는 일 자체는 힘이 덜 들었다. 그러나 환자의 가족마다 같은 질문을 하고, 반복해서 같은 내용을 대답해야 할 경우에는 피로를 느끼지 않을 수 없었다. 더 나아가 진료에 대한 오해나 의학에 관한 무지로 사실과 다르게 왜곡하여 항의를 할 때면 설명하기에 앞서 허탈감마저 들었다. 이뿐만 아니라 환자 측에 일방적으로 관심을 기울여야 한다는 사실도 부담으로 다가오기 시작했다.

인간관계에는 항상 주고받는 것이 있기 마련이다. 친구, 동료, 선후배 사이에도 주면 받는 것이 있고 받으면 주게 마련이다. 나의 부모님은, 대부분의 어른들이 그러셨듯이, 우리 집 경조사에 부조扶助한 친지의 명단을 간직해 두었다가 그 집안에 일이 생길 때마다 보답하는 것을 중요한 도리로 생각하셨다. 사랑하는 남녀도 감정을 주고받으면서 사랑을 서로 확인하고, 가장 이타적이라는 자식에 대한 부모의 사랑도 노후에 봉양과 효도로 보답을 받는다.

반면에 의사와 환자 관계는 일방적이어서 의료인은 환자와 그 가족에게 관심과 보살핌을 무조건적으로 주어야 한다. 이것은 의무 사항이다. 환자나 보호자는 의사에게 이에 상응하는 관심과 보살핌을 주지 않는다. 처음 의사 생활을 시작할 때는 정신적으로 주기만 하고 채워지지 않는 공허함이 나를 괴롭혔다.

그러면 의사는 정신적으로 어떻게 보상을 받을 수 있는가? 병이 호전되고 환자의 상태가 좋아지면 보람과 희열을 느낀다. 특히 중환자가 회복하거나, 힘든 시술이나 수술이 성공하는 경우 자긍심이 더해지기도 한다. 희귀한 병을 찾아내고 환자의 문제점을 해결하면 학문적인 성취감을 얻을 수도 있다. 그러나 이런 경우는 사실 많지 않다. 결국 사람은 죽게 마련이고, 어찌 보면 의사들은 항상 지는 경기losing game를 하고 있는 셈이다. 게다가 보호자는 많은 경우에 "환자가 걸어서 병원에 왔다가 누워(또는 죽어서) 나간다."고 생각한다.

따라서 의사들은 정신적인 피로를 풀고 보상을 받는 자기만의 방법을 가지고 있어야 한다. 많은 의료인이 예술이나 스포츠 같은 취미생활을 통하여 스트레스를 푼다. 이를 통해 자신의 감정을 조절하는 훈련도 하고, 환자에게 다시 줄 수 있는 정신적 여력을 재충전하는 것이다. 어떤 의사는 담배나 술에 의존하지만 이는 건강을 해칠 뿐 아니라 궁극적인 해결 방안이 될 수 없다.

의대생과 전공의 인성 교육도 아주 중요한 방법이다. 정신적, 육체적으로 강건하여 웬만한 일에는 긴장과 피로를 느끼지 않으면 가장 좋기 때문이다. 종교적 신념이 강한 사람이 좋은 의사가 되는 경우가 많다. 인성 교육도 의료 현장에서 같은 경험을 하는 선배 의사에게 받아야 효과가 높다. 병원 환경이라는 것이 특수한 점이 많기 때문이다.

나는 초년생 의사 시절 이후에는 정신적 긴장은 유지하면서도 부담감은 점차 느끼지 않게 되었다. 물론 정신적 스트레스를 해소하고 보상받는 방법을 나름대로 터득한 것도 이유겠지만, 이따금씩 나 자신을 돌아보고 의사로서의 사명감을 일깨운 덕분이다. 이 글을 쓰는 지금도 내 자신에게 물어본다. 의사가 되었을 때의 다짐과 마음가짐, 초심初心이 변한 것은 아닌지, 정신적 피로를 피하려고 진정한 의사로서의 본분에 소홀하고 있는 것은 아닌지.

지킬 박사와 하이드의 비밀

어려서부터 문과적 성향이 강했던 나는 현상적인 실재세계보다는 관념적인 인간의 정신세계에 더 흥미를 가지고 있었고, 더 큰 가치를 두고 있었다. 의대생이 되어서도 강의 시간에 교수님이 인간의 생태병리를 생물학적이고 자연과학적인 관점에서만 설명할 때는 속으로 반감을 가지기도 했다. 이 세상의 모든 것을 다 감지하고 사유하는 인간의 생리, 병리 작용을 다른 동물과 같은 수준에서 설명하고 동일하게 치료하는 것을 도저히 수긍할 수가 없었다.

그 대표적인 예가 혈중 칼륨(포타슘) 농도이다. 우리 몸에서 중요한 역할을 하는 미네랄인 칼륨은 다른 동물과 마찬가지로 혈중 농도가 3.5에서 5.5mM를 유지해야 한다. 강의시간에는 칼륨 농도의 중요성이 강조되었고, 칼륨 농도가 증가할 때 나타나는 병적 증세와 치료법을 배웠다. 학생 시절에 이러한 내용을 외우고 답안지에도 물론 정답을 적었지만, 나는 일개 미네랄에 불과한 칼륨의 수치란 위대한 인간의 본성에 비해 너무나 하찮은 것이라고 생각하였다.

　병아리 의사인 인턴 초기였다. 평소에 책을 통해 잘 알고 있고 문학계에서도 존경받는 시인이자 대학 교수인 S선생님이 간경화증으로 내과에 입원하였다. 담당의가 된 나는 그 인품에 끌려 더욱 열심히 돌봐드렸다.

　그런데 친근하게 대해 주시던 그분이 어느 날 돌변한 것이 아닌가. 취조하듯이 그동안의 진료 사항을 하나하나 따지면서 심한 말을 쏟아부었다. 상상도 하지 못한 일이라 당황한 나에게, 선배 레지던트는 간경화증의 합병증인 간성혼수가 왔으니 빨리 채혈하여 칼륨과 암모니아의 혈중 농도를 측정하라고 했다.

　예측한 대로 이 두 물질의 농도는 증가했으나, 칼륨은 그동안 암기해 왔던 정상 농도를 약간 넘긴 6.5mM였다. 태연하게 보고하는 나에게 선배는 수치가 너무 높다고 놀라면서 아마도 장출혈이 있을 것이라고 진단했다(소화기에서 파괴된 적혈구의 칼륨과 암모니아가 장에서 흡수되기 때문이다). 그리고 이에 대한 검사와 처치를 응급 사항으로 지시하였다. 높아진 혈중 칼륨 농도는 심장 기능을 떨어트려 검사 도중 심장마비가 왔다. 우리는 심폐소생술로 환자를 우선 살린 후에, 장출혈에 대한 약물 치료와 함께 칼륨과 암모니아 농도를 낮추기 위해 교과서에 기재된 약물용액으로 관장을 해야 했다.

　간성혼수가 와서 소설 〈지킬 박사와 하이드〉에 나오는 하이드처럼 난폭해진 환자에게 밤새도록 항문으로 관장을 하면서 겪었던 고충은 여러분의 상상에 맡긴다. 밤이 지나면서 치료 효과가 있어, 칼륨과 암모니아 농도가 정상으로 돌아오고 S교수님은 혼수에서 깨어났다. 책과 강의 시간에 누누이 강조되던 칼륨 농도의 변화와 이에 따른 증상과 치료법이 놀랍게도 사실(?)이었던 것이다! 1mM의 칼륨 수치가 얼마나 엄청난 것인지도 실감하게 되었다. 하루 뒤 병실을 찾았을 때 S교수님은 다시 지킬 박사 같은 인자한 웃음으로 나를 맞이했다. 그는 그날 밤의 난리는 기억하지 못했다.

고귀한 인간의 정신이 하찮은 칼륨이나 암모니아에 의해 좌우되는, 수긍할 수 없는 현실 앞에서 나는 마음속으로 외쳤다. "하나님, 인간의 존엄성과 정신의 위대함은 어디에 있습니까!"

의사로 연구하고 진료하다 보면 사람의 정상적인 생리 현상뿐만 아니라 여러 병의 원인과 발전 기전이 다른 동물과 똑같다는 것을 인정할 수밖에 없다. 인간과 초파리의 유전자가 96퍼센트 이상 같다는 사실에, 발견한 과학자조차도 놀라고 있다. 정신적인 활동을 인간의 우수성으로 꼽지만, 지금은 동물도 고도의 지적 능력과 소통 능력이 있고 식물도 생각이 있다는 것이 밝혀지고 있다. 우리가 쉽게 감지하지 못할 뿐이다.

정신적 활동도 따지고 보면 생물학적인 현상이다. 과학자들은 신경세포의 복잡한 연결과 뇌신경수용체의 작용으로 고도의 정신 활동을 하나하나 설명하고 있다. 남녀 간의 사랑을 옛날부터 화학반응chemical reaction이라고 표현하고 있지 않은가? 이 세상에서 가장 지고한 모성애도 옥시토신이라는 호르몬에 의한 작용으로 먼저 설명하고 있으니.

그러나 인간과 정신세계의 존엄성은 어떤 타당한 근거에 의해서가 아니라 절대적 의미에서 무조건적으로 인정되어야 한다. 다른 생물체에 비해 인간이 더 존엄하다는 어떠한 논리도 결코 찾지 못할 것이다. 우리만 정신적인 능력을 가졌다고 더 이상 주장할 수도 없다. 물론 사람이 다른 동물보다 더 우수한 사고 능력을 가졌지만 이 사실에 근거해 다른 생명체보다 존귀하다고 할 수는 없다. 그저 인간이기 때문에 절대적으로 중요하고 소중한 것이다.

그렇다면 다른 생물체의 존엄성도 마찬가지이다. 슈바이처 박사가 아프리카 열대림의 강가에서 생각한 '생의 외경' 사상도 같은 맥락이다. 그는 밀림의 강을 보트로 저어 가며, 헤엄치는 수많은 동물을 보면서 인간과 다른 생물 간에 서로 존중하는 공존을 생각하였다.

불교에서는 고기의 섭취를 금하고, 이슬람교에서는 음식용 동물은 꼭 예식을 갖춘 다음 살생하여 먹는다. 간디는 힌두교에서 소를 숭상하는 전통을 "인도 사회에서 사람과 가장 가깝게 있는 소를 존중함으로써 모든 생명에 대한 외경을 강조하는 것"이라고 풀이하였다.

'칼륨 농도 사건'에서 30년이 지나고 제법 원숙한 의사가 된 지금은 칼륨의 가치를 포함한 많은 과학적, 생물학적 사실을 진리로 인정하게 되었지만, 아직도 나는 정신세계와 과학세계의 중요성 사이에서 방황하고 있다. 모순 없이 두 세계의 가치를 모두 인정할 수는 없는지.

대통령의 삼촌과 오렌지주스

1982년 레지던트를 마치고 군병원에서 3년 동안 근무하게 되었다. 운이 좋아서 훈련을 마친 후 바로 서울 종로구 소격동에 있는 서울지구병원으로 발령을 받았다. 이 병원은 서울대학교와 인연이 깊다. 본래는 일제 강점기에 경성의전 부속병원으로 설립되었다가 해방 후 서울의대 제2부속병원이 되었고, 한국전쟁 때 국군통합병원으로 징발되었다가 나중에 따로 통합병원을 세운 후 서울지구병원이 되었다. 전쟁이 끝난 뒤 군으로 넘어간 병원의 소유권을 서울대학교에서 찾으려 노력했으나 불가항력이었다고 들었다.

그 당시 이 병원은 일종의 특수병원이었다. 경복궁 바로 옆에 있어 청와대와 가까웠기 때문이다. 어느 날 도포에 갓을 쓴 70대 노인이 내원하였다. 전두환 대통령의 삼촌이라고 했다. 아버지의 여러 형제 중 유일한 생존자로, 고향에서 서당 선생을 한 경력이 있어 전 씨 문중에서는 학식이 가장 많아 대통령이 존경하는 어른이라 했다. 학문적 식견의 깊이는 알 수 없으나 태도에 기개가 있고 선비의 풍채를 지니고 있었다.

　할아버지의 주요 증상은 심한 복수였다. 지금까지 아주 건강하여 최근에 지리산 등정도 했는데 갑자기 배가 불러왔다는 것이다. 그 나이에는 불길한 증세였다. 여러 검사 결과 복부와 복막에 암이 전이되었고, 전이된 암세포에서 분비액이 나와 복수가 차는 상태였다. 근본적인 치료를 할 수 없는 상황에서 한밤중에 대통령이 방문하였다. 원장으로부터 환자의 상태를 보고받은 대통령은 다음과 같이 지시하였다. 할아버지를 고향인 경남 합천으로 모셔 가 편히 돌아가시게 하고, 지구병원에서는 내과 군의관을, 대통령 경호실에서는 경호차와 직원을 지원하라고.

　꼼짝없이 내과 부장이 경남 합천으로 할아버지를 대동하여 내려간 후 군의관들이 2주씩 번갈아 병상을 지키게 되었다. 한 달 후 차례가 된 나는 합천으로 향하였다. 전두환 대통령은 아홉 살 때까지 산골짜기에 있는 이 마을에 살았는데 화재로 소실된 생가는 대통령이 된 후 복원하였다. 마을 뒤에 저수지를 파고, 오래된 초가집도 기와집으로 바꾸고, 대구에서 들어오는 도로를 넓히고 포장하는 등 고향 마을은 면모를 새롭게 하고 있었다.

　나는 오랜만에 뜻하지 않은 여가를 즐기게 되었다. 대통령 생가에 기거하면서 내가 하는 일은 복수를 줄이는 이뇨제를 투약하고, 매일 아침 할아버지의 체중과 배 둘레를 측정하는 게 고작이었다. 그래서 남는 시간에는 책도 읽고 생가에 같이 기거하는 경찰관, 경호원과 함께 낙동강과 해인사 구경을 했다. 이 기회에 경호실 차를 빌려 한적한 신작로에서 운전 연습을 하고 주차 방법을 익히기도 했다.

대통령 삼촌 옆에 있으니 세상인심의 흐름을 뚜렷하게 느낄 수 있었다. 전두환 정권이 부당하게 집권한 사실을 다 알고 있었지만 일단 대통령이 되니 많은 사람들이 가까워지려고 아우성이었다. 서울과 지방의 고위층이 헬리콥터까지 타고 병문안을 오고, 전국의 내로라하는 한의사들이 저마다 치료약을 조제해 오고, 친척 여부에 관계없이 너도나도 암 치료 비법을 알려주려고 방문하여 동네가 갑자기 북적이기 시작하였다.

하지만 당사자인 할아버지는 의연하였다. 벌떼같이 달려드는 주위의 온갖 권유와 유혹을 뿌리치고 우리가 처방한 약을 복용하고 지시에 따랐다. 죽음을 받아들이고 생을 마감할 준비를 하는 듯도 했다. 군의관이 어리지만 공부를 많이 했다고 인정해서인지 할아버지는 우리에게 이런저런 이야기도 하고 속마음을 내비치기도 했다.

복수가 다소 줄어들어 기분이 좋아진 하루는, 나에게 들뜬 목소리로 보여 줄 것이 있다고 했다. 최근에 (우리나라 유림에서 가장 권위 있는) A서원에서 할아버지에게 보낸 일종의 교수임명장이었다. 대문짝만 하고 기품 있는 황백색 한지에 크게 (교수로 오시기를 희망한 다는) '망(望)'자를 쓰고 이 내용을 기술한 문서였다. 실제로 강의는 하지 않는 명예교수(?)이지만 이 문서를 펼쳐 보여 주는 할아버지의 얼굴에는 자부심이 가득하였다. 내가 이 분야에 문외한이지만 과연 그의 학문이 이에 합당한 수준인지, 아니면 또 다른 종류의 벌떼는 아닌지…….

여느 때와 같이 할아버지를 방문한 어느 날 아침, 어제 아주 신기한 경험을 했다고 그가 말문을 열었다. 자기는 원래 시골에서 태어나고 자라서 귤이나 오렌지를 먹어 보지 못했고, 평소에 젊은 사람들이 귤이나 오렌지를 먹을 때면 "저 신맛이 뭐가 좋을까?" 하고 의아했다고 한다. 그런데 어제 누워 있는데 방문객이 가져온 오렌지주스 병이 갑자기 눈에 띄었고, 이상하게 먹고 싶더라는 것이다. 본인도 신기하여 먹어 보니 그 신맛이 꿀맛보다 더 좋아서 몇 병을 혼자 다 마셨다고 한다.

이 이야기를 듣고 나는 무릎을 치지 않을 수 없었다. 우리가 처방한 이뇨제를 오래 복용하면 몸 안의 칼륨(포타슘)이 소변으로 과다 배설되고, 오렌지에는 칼륨이 아주 많이 들어 있다. 할아버지는 그동안 이뇨제를 복용하여 체내에 칼륨이 부족해진 상태였고, 이를 보충하기 위하여 본능적으로 칼륨이 많이 있는 오렌지를 찾아내 섭취한 것이다. 이에 대한 식품영양학적, 의학적 지식도 없이.

이 신기한 현상을 과학적으로 해석해 보자. 먼 옛날 인류의 조상이 어떤 원인으로(설사가 가장 흔한 원인이다) 체내에 칼륨이 떨어졌을 때 어떠한 증상을 느꼈을 것이고, 우연히 오렌지나 귤을 먹어 이 증상이 사라진 경험을 했을 것이다. 이 내용이 유전자에 입력되어 우리에게 전해졌을 것이다. 칼륨이 부족하여 나타나는 증세를 할아버지 몸이 무의식중에 예민하게 감지하여 유전자에서 옛 조상의 경험을 읽어내 오렌지주스를 찾아서 마신 것이다.

그렇다면 우리의 몇 개 안 되는 유전자의 어디에 이런 내용이 입력되어 있는 것일까? 이 외에도 무수한 다른 본능은 어느 유전자에 들어 있다는 말인가? 현재 우리가 알고 있는 지식으로는 설명할 수가 없다. 스물세 쌍의 한정된 염색체에 모든 생명 현상이 들어 있다는 사실을 알아냈고 모든 유전자를 해독했지만, 아직도 대부분의 생명 현상의 규명은 오리무중이다. 할아버지의 이 신기한 행동을 여러 기초의학 교수에게 설명하고 기전과 해석을 부탁했으나 나와 마찬가지로 연결이 되지 않는 추리뿐이었다.

생명에 대한 우리의 지식은 아직도 초보 단계에 머물러 있다. 생명의 신비는 언제나 풀리려나. 아니 풀 수는 있을까? 이러한 지식을 갖는 것이 인류에게 선물일까, 재앙일까?

오진을 피하는 법

2010년 초 미국 휴스턴 공항의 서점에서 하버드대학 내과의 제롬 그루프먼 교수가 쓴 〈의사는 어떻게 판단하는가?How Doctors Think?〉라는 책이 눈에 띄어 구입하였다. 2008년에 출간된 이 책은 "환자를 진료하는 모든 의사와, 최선의 진료를 받기 원하는 모든 환자에게 필요하다."라는 광고 문구 때문인지 일반인에게도 많이 팔려 〈뉴욕 타임즈〉가 선정한 베스트셀러가 되었다. 이 책에는 우리 의료인에게 유익한 내용이 특히 많을 뿐만 아니라 일반 독자들에게도 읽을 만하여 여가에 필독할 책으로 추천한다. 그중 학교에서 학생을 가르치는 나에게 와 닿는 내용이 있어 소개하겠다.

서문에 열두 살 때부터 소화기 장애로 고생하면서 15년 동안 기능성 위장장애, 영양결핍증, 신경성 거식증 등으로 진단받아 수많은 진찰과 검사, 치료를 받았지만 별 효과가 없었던 앤 더지라는 여자 환자를 소개하고 있다. 고영양식을 투여했음에도 체중은 37킬로그램으로 떨어지고 조혈장애, 골다공증, 면역결핍증 등 각종 합병증이 생겨 병원에 여러 차례 입원했고 새로운 치료도 받았으나 계속 악화되어 이 환자는 자살까지 생각하기에 이른다. 어느 날 소화기내과 의사인 팔척 박사가 환자를 다시 진찰하여 숨어 있던 국소성 장염regional enteritis(크론병)을 찾아내어 완치할 수 있었다.

팔척 박사는 과거에 이 환자를 진료했던 의사들의 진단에 얽매이지 않고 선입관 없이 다시 시작하여 병을 찾아냈던 것이다. 흔히 진찰할 때 의사가 생각하지 않은 질병은 찾아낼 수 없다고들 한다. 통계에 의하면 초진할 때 의사는 평균 18초 안에 환자를 평가하는데, 그때 염두에 두는 병명은 다섯 가지를 넘지 않는다. 게다가 동료 의사가 진단명을 먼저 붙여 놓았을 경우 거기서 벗어나기란 쉽지 않다. 또 다른 조사에 의하면 오진誤診의 대부분은 의학적 판단을 내릴 때 의사의 논리적 흐름이 잘못되어 발생하며, 검사가 잘못되거나 의사의 의학적 무지가 원인인 경우는 아주 적다고 한다.

그루프먼 교수가 강조하는 것은 임상 교육이다. 현재 교육 내용은 환자가 호소하는 증상, 증세나 검사 소견에 따라 의사 결정 순서가 있어 '예, 아니오'에 따라 다음 단계로 넘어가면서 감별진단을 하여 최종진단에 도달하게 된다. 학생이나 전공의는 이 내용을 잘 숙지하고 있지만 실제 임상에서는 교과서에 나와 있는 주요 호소 증상chief complaint이나 증세를 찾지 못하는 경우가 많다. 환자가 느끼는 애매한 불편함에서 진정한 문제점을 파악해야 하는 것이다. 이런 능력을 임상 교육을 통해 가르쳐야 한다.

그루프먼 교수는 환자를 대하는 태도부터 가르쳐야 한다고 강조한다. 여러 가지가 있지만 그중에서도 환자와 가족에게 충분히 말할 수 있는 기회를 주고 이 내용을 선입감 없이 경청하는 것이 가장 중요하다는 것이다. 그리고 이를 바탕으로 논리적으로 접근하는 것이다. 요즈음 인기 있는 미국 드라마의 하우스 박사처럼. 수련 중인 후배 의사들을 위하여 필자가 전공의 시절에 경험한 두 가지 사례를 소개하겠다.

첫 번째 사례는 혈액내과 교수님이 빈혈의 감별진단을 위하여 입원시킨 마흔다섯 살의 여자 환자이다. 환자가 전반적으로 쇠약하여 만성 빈혈에 의한 것으로 생각하고, 정상적혈구 빈혈 normocytic anemia을 감별진단하기 위해 골수 조직검사를 위시한 각종 특수검사를 하였다. 그러나 히포크라테스가 일찍이 설파한 것처럼 "증상은 애매하고, 검사결과는 믿기 어렵고, 판단은 어려웠다."

빈혈의 정확한 원인을 찾지 못한 채 퇴원을 앞둔 시점에서 달이 바뀌어 새 주치의가 이 환자를 맡게 되었다. 환자의 과거력을 다시 자세히 물어보니, 30대에 출산을 하던 중 출혈이 심하였고, 그 이후 몸이 점차 쇠약해졌다는 것이다. 그제야 다시 보니 겨드랑이와 사타구니의 털도 빠져 버리고 없었다. 쉬한Sheehan증후군이었던 것이다.

두 번째 사례는 갑상선기능저하증이 의심되어 입원한 서른두 살의 여자 환자이다. 갑상선비대는 확실하지 않아 갑상선호르몬, 갑상선 자가항체 등의 측정을 의뢰한 상태였다. 당직을 하던 어느 날 밤, 환자가 두통을 호소한다고 간호사가 내게 알려왔다. 여자 환자에서 두통은 흔한 증상이어서 진통제를 처방하려다가 병실을 방문하였다. 환자는 제법 심한 두통을 느끼고 있어 무언가 석연치 않았다. 다시 환자에게 물어보니 사물이 겹쳐 보이는 복시複視 현상도 가끔 나타난다고 했다.

두통과 복시에다 갑상선기능저하증을 동시에 유발하는 병이 무엇일까 생각해 보니 인턴인 나에게도 생각나는 병이 있었다. 뇌하수체와 시신경을 누르는 뇌종양이었다! 바로 촬영한 단순 머리뼈 사진에서 뇌하수체 윗부분에 석회질 침착을 확인할 수 있었다. 전형적인 머리인두종craniopharyngioma의 소견이었다. 다음 날 CT(컴퓨터단층촬영)로 종양을 확인하고 신경외과에서 수술하여 완치할 수 있었다.

두 경우 모두 외래에서 교수님이 내린 진단에 집착하여 처음에 오진을 했던 사례이다. 선배 의사의 진단이라는 선입견은 다른 질병의 가능성을 생각하기 어렵게 만든다. 그러나 초보 의사라도 환자와 보호자의 말을 경청하고, 시간을 가지고 세밀하게 진찰하면 문제점을 파악할 수 있다. 이를 바탕으로 교과서에 있는 대로 논리적으로 접근하면 오진을 피할 수 있다. 의사가 전문적인 지식과 능력뿐 아니라 성의 있고 진솔한 태도를 필수적으로 갖추어야 하는 이유가 여기 있다.

진정한 명의가 되기를 소망하라

질병은 다양한 경과를 보인다. 다행이 호전되거나 완치되는 경우도 있으나, 많은 경우 좋아지지 않거나 진행되어 일부는 사망에 이른다. 의사의 능력과 노력에 관계없이 나빠지는 경우가 대부분이다. 건강에 관심이 높아지면서 언론에서는 명의名醫에 대해 앞 다투어 소개하고 있다. 그렇다면 명의는 병을 잘 고치는 의사를 말하는 것일까? 환자를 치료하는 과정에서 명의의 역할은 무엇이며, 진정한 명의란 어떤 의사를 말하는가?

문화에 따라 의료가 담당하는 역할과 그에 대한 평가가 달라진다. 동양과 서양 문화의 차이점을 말해주는 이야기가 있다. 길을 가다가 돌에 걸려 넘어지면, 서양 사람은 그 돌을 찾아 뽑아 버리고, 동양 사람은 자신의 내공이 부족해서 넘어졌다고 생각하여 더욱 조심하고 몸을 보補한다는 것이다.

병이 생긴 경우에도 서양에서는 그 원인을 외부에서 찾아 해결하고, 동양에서는 내부에서 찾아 자신의 몸을 보양하여 병을 이겨내려고 한다. 병을 치료하는 과정에서 환자나 가족의 기대와 태도에도 차이가 있다. 서양에서는 병의 원인을 찾아내고 해결하기 위해 단계적인 과정과 시간이 필요하다는 것을 인정한다. 반면에 우리나라에서는 의사가 병의 원인과 환자의 상태를 설명하고 이를 해결하기 위해 어떤 과정이 필요한지를 말하면, 환자와 보호자는 겉으로 수긍하면서도 속으로는 다른 생각을 하는 경우가 많다. 환자의 몸과 인연이 맞아, 단번에 해결할 수 있는 의사나 치료법을 원하는 것이다.

전공의 시절에 대학병원과 연계되어 있는 영덕병원에 파견나갔을 때의 이야기이다. 연탄가스 중독으로 혼수상태에 빠진 할머니가 응급실에 실려 왔다. 나는 통상적인 처치를 하고 입원시켜 치료했으나 환자의 상태는 좋아지지 않았다. 환자의 가족과 이웃들은 수시로 나를 찾아와서 병세를 묻고 잘 치료해 달라고 부탁하였다. 진심어린 염려와 간절한 부탁임을 알 수 있었는데, 이 할머니는 인품이 좋고 어려운 이웃을 많이 도와주어 신망信望이 높다고 했다.

나도 점차 할머니를 꼭 살려야겠다는 생각을 하게 되었는데, 자신의 편안보다 가족과 이웃을 먼저 생각하고 솔선하여 도와주는 이 할머니에게서 우리 어머니의 모습을 보았는지도 모르겠다. 나는 환자의 상태를 다시 살펴보고, 이 외딴 병원의 장비와 약품으로 더 해줄 것이 없는지 고민했다. 교과서도 다시 읽어 보고, 뇌부종을 감소시키려고 스테로이드를 처방하는 등 몇 가지 처치도 추가했다.

이런 치료가 효과가 있었는지는 모르겠지만, 할머니는 의식을 되찾았고 점차 회복하여 퇴원하였다. 가족과 이웃들이 기뻐하며 "할머니가 의사 선생님과 '연緣때'가 정말 잘 맞았다."고 치하하는 말에 나는 실소失笑하였다.

그러나 지금 돌이켜 생각해 보니 이분들 말씀에 일리가 있다. 환자인 할머니와 마을 사람들, 마을과 영덕병원, 영덕병원과 우리 병원, 우리 병원과 나 사이에는 인연이 있었다. 더 나아가 할머니와 어머니, 나 사이에 보이지는 않지만 신비로운 인연이 작용하여 내가 환자를 더욱 성의 있게 보도록 했을 것이다.

대학병원 같은 3차 병원에는 중환자가 많아서 악화되어 죽음에 이르는 경우도 많을 수밖에 없다. 의료진의 노력과 고가의 약제와 기자재를 사용한 치료에도 불구하고 질병이 진행되면 가족은 물론이고 의료진도 실망하게 된다. 이런 경우 우리는 환자에게 무엇을 해 줄 수 있을까?

흔히 하는 이야기가 있다. "반쯤 비어 있는 물잔을 보고 아쉬워하지 말고, 반이나 남은 물로 만족하라." 우리가 질병과 싸울 때에도 마찬가지이다. 남아 있는 반 잔의 물도 아주 효과적으로 사용할 수 있다는 생각이 필요하다. 병을 근본적으로 치료하기 어렵다면 악화 요인을 찾아 교정해 주어야 한다. 또한 질병으로 손상된 구조나 기능을 최대한 줄이고 보완해야 한다. 신비한 생명력에 의해 몸은 일부나마 새로워지고 변화에 적응하기 마련이다. 예를 들면, 위를 절제한 후에는 작은창자가 팽창하여 위의 역할을 대신한다. 여기에 정상 위의 기능을 고려하여 소화제와 비타민B$_{12}$를 보충해 주면 된다.

인간은 결국은 죽게 되어 있기 때문에 어떻게 보면 의료진은 항상 지는 경기losing game를 하고 있는 셈이다. 환자와 보호자도 인간은 죽게 마련이며 의사가 만능이 아니라는 사실을 잘 알고 있다. 단지 의료진이 최선을 다하는 것을 원하는 것이다. 병을 이겨내지 못하더라도 의사가 주의 깊게 진료하여 사소한 문제만 해결해도 환자는 편해지고 다소 호전되기도 한다.

정신적, 감성적 보조 치료도 아주 중요하다. 환자는 예민해져 의료인의 말과 행동에 큰 영향을 받는다. 그래서 의사의 긍정적인 태도는 환자가 병을 이겨내는 데 막강한 힘이 된다. 상태가 악화되었을 때도 환자가 외로움을 느끼지 않게 애정 어린 위로를 해 주어야 한다. 환자는 정성껏 보살핌을 받고 있다는 사실만으로도 만족을 느끼기 때문이다. 이렇게 환자에게 연결감을 느끼고 성심껏 진료하는 의사가 명의이다. 환자와 의사는 '연緣때'가 맞아야 하는 것이다.

물론 자연사自然死할 때까지 건강하게 지탱하는 것이 가장 좋다. 우리나라도 수명이 급격히 늘어서 이제는 아흔을 넘겨야 호상好喪이라는 소리를 듣는다. 어느새 우리 주위에도 백 세 노인이 하나둘 늘고 있다. 의학적으로는 세포 분열에 관여하는 염색체 종말체telomere의 길이로 보아 1백 20세가 한계수명이라고 한다. 그러나 수명은 우리 손이 아니라 하늘의 뜻에 달려 있다.

천상병千祥炳 시인의 〈귀천歸天〉에 등장하는 시구처럼 인생은 이 세상에 온 소풍과도 같다. 소풍을 가서도 비가 오면 일찍 끝내고 오는 법. 중요한 것은 아름다웠노라고 말할 수 있는 삶을 살았느냐 하는 것이 아닐까.

    나 하늘로 돌아가리라.
    새벽빛 와 닿으면 스러지는
    이슬 더불어 손에 손을 잡고,

    나 하늘로 돌아가리라.
    노을빛 함께 단둘이서
    기슭에서 놀다가 구름 손짓하면은,

    나 하늘로 돌아가리라.
    아름다운 이 세상 소풍 끝내는 날,
    가서, 아름다웠더라고 말하리라.

한국의 슈바이처, 장기려 박사

의대생 시절, 내 인생의 표상은 슈바이처와 장기려張起呂 박사였다. 이 두 분처럼 살 수는 없겠지만 조금이나마 닮고 싶었다. 또 의학 공부와 수련 생활이 힘들고 고달플 때 두 분의 일생을 떠올리며 힘을 얻곤 했다. 슈바이처 박사에 대해서는 많이 알려져 있으나, 장기려 박사에 대해서는 잘 모르는 사람도 있을 것이다. 불우했던 자신의 일생을 학문과 가난한 환자의 진료에 바친, 어떤 면에서는 슈바이처보다 더 훌륭하다고 할 수 있는 장 박사를 간단히 소개한다. 선배 의사이자 높은 이상을 생활 속에 실천한 분들의 삶을 통해 의사로서, 지식인으로서 어떻게 살아야 할지 생각해 보는 것은 의사를 꿈꾸는 이들에게 꼭 필요한 일이리라.

장기려 박사는 1911년 평안북도 용천에서 태어나 송도고보와 경성의전을 졸업하였다. 독실한 기독교 신자였던 그는 의사가 되기로 결심했을 때 "의사 한 번 못 보고 죽어가는 가난한 사람들을 위해 평생을 바치겠다."라고 하나님 앞에 맹세했다. 그는 열심히 공부했고 수석으로 졸업한 후에는 외과 백인제白麟濟 교수의 제자로 수련을 받았다. 성실한 그는 수술 전에 언제나 환자, 보호자와 함께 기도를 올리고 외과 책을 다시 읽은 후 집도를 했다고 한다. 당시 병원에 입원 중이던 춘원春園 이광수李光洙 선생이 이런 장기려 박사를 모델로 집필한 장편소설이 그 유명한 〈사랑〉이다.

수련을 마치자 백인제 교수는 장기려 선생이 모교에 남아 학문을 계속하기를 권했으나, 그는 하나님과의 약속을 지키기 위해 평양의 연합기독병원으로 갔다. 그곳에서 해방을 맞게 되었는데, 기독교 신자이지만 워낙 실력이 탁월하여 평양의과대학과 김일성종합대학 교수로 임명된다. 김일성이 맹장염에 걸렸을 때 소련 군의관이 집도했으나 그도 참여해 '김일성 맹장을 수술한 의사'로 유명세를 타기도 했다.

한국전쟁이 발발한 지 넉 달 만에 평양이 탈환되고 1950년 12월 중공군이 개입하자 평양의과대학병원에 있던 장 박사는 국군과 함께 급히 피난길에 오른다. 도중에 둘째 아들(장가용)을 만나 부산까지 가게 되지만, 아내인 김봉숙 여사와 다섯 자녀와는 생이별을 하게 된 것이다. 북에 남은 가족과는 생전에 만나지 못하고, 아들 장가용은 나중에 서울의대 교수가 된다.

그 당시 부산은 피난민으로 터질 지경이었고, 비위생적인 환경과 영양결핍으로 환자가 속출하였다. 장기려 박사는 이듬해부터 부산 영도에 천막을 치고 복음병원을 세워 행려병자를 치료하기 시작했다. 복음병원은 기독교계의 도움으로 발전을 거듭해

후에 고신의대가 된다.

장기려 박사는 언제나 경제적으로 쪼들렸다. 40년을 복음병원 원장으로 있으면서도 월급으로 가난한 환자의 치료비를 충당하다 보니 월급보다 치료비로 가불해 간 돈이 더 많았다. 또 무료 환자도 많아 병원 운영이 어려워지자, 마침내 병원 당국에서 무료 환자에 대한 원장의 모든 권한을 금지하였다. 그러자 장 박사는 병원비를 못 낼 정도로 어려운 환자들이 생기면 병원 뒷문을 열어 밤중에 탈출하도록 했다고 한다. 그는 평생 자기 집 한 칸 없이, 병원 옥상의 조그만 관사에서 살았다. 그래도 항상 "나는 가진 것이 너무 많다."라고 말하곤 했다. 평양에 있을 때도 환자를 돕느라고 생활비를 가져다주지 않아서 부인이 삯바느질로 생계를 꾸려갔다고 한다.

그러나 그는 현실을 모르는 몽상가는 아니었다. '건강할 때 이웃 돕고, 병났을 때 도움 받자'라는 표어 아래 1968년 설립한 사설 의료보험제도인 '청십자의료협동조합'은 나중에 정부에서 만든 전 국민 의료보험제도의 모델이 되었다. 그는 주변의 몰이해와 재정난 속에서도 가난한 환자를 도울 수 있는 효과적인 방법이라는 신념 하나로 의료보험조합을 성공적으로 이끌었다.

그는 학문적으로도 뛰어났다. 경성의전을 수석으로 졸업하였고, 당대 최고의 외과의사인 백인제 교수의 수제자였다. 서울의대, 가톨릭의대, 부산의대 교수를 역임하고 한국간연구회를 창립하여 초대 회장을 지냈다. 서울대학교 교수직을 맡았을 때는 야간열차로 서울과 부산을 오가면서 시간을 아껴서 강의와 수술을 모두 감당하였다. 학력이 화제가 될 때마다 그는 평소대로 겸손해 했다. 수석 졸업은 했으나 실력은 도토리 키 재기였고, 서울대학교 교수직을 수락한 것은 미국에서 갓 돌아온 민병철 교수에게 선진 의학을 배우기 위해서였다고.

사실 그는 간담도 외과의 대가로, 1958년 국내 최초로 간암 환자에서 대량 절제술에 성공하기도 했다. 또 전쟁 후 피폐한 환경에서 한국인 담도계의 해부학적 구조를 밝히는 등 많은 학문적 업적을 이루어냈다. 현재 간암수술, 간이식술 등에서 세계의 최고봉이 된 우리나라 간담도외과학의 기반을 만든 장기려 박사의 공로는 이루 말할 수 없이 크다.

그의 일생은 헤어진 가족을 향한 그리움으로 일관된 사랑과 기도의 세월이었다. 가족사진을 늘 가슴에 품고 사랑하는 아내를 그리워하며 혼자 살았다. 주변에 있는 많은 사람들은 재혼을 권유했으나 그는 단호하게 거절했다. 1985년 남북한 사이에 대화가 시작되어 일부 교류가 있을 때 정부는 장 박사에게 방북을 권유했으나 혼자만 특혜를 누릴 수 없다는 이유로 거절하였다. 그리고 평생을 그리워하던 가족과 끝내 상봉하지 못한 채 1995년 성탄절 새벽에 생을 마감하였다. 임종을 앞두고 "이 땅에서 지금 만나봤자 무슨 의미가 있겠는가. 그렇게 짧게 만나느니 차라리 하늘나라에서 영원히 만나야지."라고 말했다고 한다.

생전에 북에 있는 가족과 편지, 사진 왕래를 할 기회가 있었는데, 그는 너무 늙어 버린 아내의 얼굴을 보고 안타까워했다고 한다. 반면에 북에 있는 아내는 사진에 있는 장 박사의 모습이 너무

젊어 보여 아들 가용의 사진으로 착각해, "아버지를 꼭 닮았다."고 말했단다.

그는 전쟁 중 생긴 자신의 비극을 승화시켜 기독교 신앙을 바탕으로 박애정신을 평생 실천한 사람이다. 이산의 아픔을 삭이며 희생과 봉사의 삶을 살다 간 진정한 의사였다. 그의 삶은 온전히 봉사 그 자체였다.

이광수는 장기려 박사를 가리켜 '성자聖者 아니면 바보'라고 말했고, 사람들은 그를 '바보의사'라고도 했다. 그러나 나는 장기려 박사는 '바보로 살기'를 선택한 사람이라고 생각한다. 부산시민상, 막사이사이상, 국제적십자상, 국민훈장, 호암상 등 많은 상을 받았지만 그에게는 이 세상에 집착하고 있는 인간들의 의미 없는 소꿉장난에 지나지 않았다. 그는 가치 판단의 기준을 하늘에 두고 살았던 것이다. 그 때문에 지금도 '한국의 슈바이처', '이 땅의 작은 예수'로 칭송받고 있다.

내가 의대 2학년 때 한국일보에 장 박사가 자서전을 연재한 일이 있다. 나는 이 연재물을 스크랩하여 소중하게 모았으나 자기는 자서전을 쓸 자격이 없다고 게재를 중단하여 아주 애석해 했다. 한번은 우리 대학의 기독교학생회에서 장 박사를 초청하여 강의를 들었다. 기대를 많이 하고 갔으나, 그는 성경 말씀을 해석하는 데 모든 시간을 할애하여 실망한 적이 있다. 그만큼 기독교에 심취되어 있었고 자신도 예수처럼 살고자 했다는 것이리라.

또 다른 강의에서 "세상 사는 데에는 신앙과 공부밖에 없다."

라고도 했다. 본인도 공부를 철저히 하여 타고난 손재주보다는 꾸준한 연습과 성실성으로 훌륭한 외과의사가 된 것이다. "실력 있는 의사가 돼서 봉사를 해야 환자가 덜 불쌍하지, 가난한 사람들이 실력 없는 의사한테 진료를 받으면 더 비참하지 않느냐."라는 장기려 박사의 말은 의사들에게 깊은 가르침을 준다.

내가 대학교를 다닐 때 선생의 아들인 장가용張家鏞 교수가 해부학 강의를 하셨다. 부드러운 성격의 장 교수는 아버지가 외과의사로 너무 고생하는 것을 보고 기초의학을 선택했다고 한다. 장가용 교수는 어떻게 보면 피해자였다. 자신도 훌륭한 기초의학자이지만 아버지의 후광에 항상 가려 있었다. 장기려 박사의 아들이라는 명성(?) 때문에 보통사람으로 생활하는 것이 쉽지 않았다. 더구나 장기려 박사는 다른 사람에게는 후덕했으나 자신과 가족에게는 엄격했다. 그는 어렸을 적 가정일보다 바깥일에 신경을 쓰는 아버지에게 불만이 있었지만, 철이 들면서부터 아버지의 생각을 이해할 수 있었다고 한다. 부자간에도 말보다 생활에서 몸소 실천으로 보여 준 그는 말과 행동이 일치하는 사람이었다.

장기려 박사의 장례식이 서울대학교병원에서 거행되었을 때 그를 추모하기 위해 7백 명이 넘는 의사가 모였다. 나도 참석하여 그의 평안한 내세를 빌었다. 장가용 교수는 "우리나라에 아버지의 삶을 지향하는 의사들이 저리도 많구나."라는 생각에 마음이 뿌듯했다고 한다. 장기려 박사는 지금 하늘나라에서 45년 만에 만난 사모님과 행복하게 지내고 계시리라.

나에게는 아직 할 일이 남아 있다

"Publish or perish(논문을 출판하든지 또는 도태되든지)." 옛날부터 들어 왔던 말이지만, 요즘 대학에서 더 실감하게 되는 말이다. 교수의 임용과 승진에는 물론이고 평상시 업적 평가에서도 학술논문이 절대적으로 중요하고 그 기준도 점차 높아지고 있다. 특히 SCIscience citation index로 정량화하여 어떤 논문과 학술지가 얼마나 자주 인용되는지 평가하고 있다. 이런 압력이 효과가 있어 서울대학교에서 발표하는 논문 수가 급증하여 2010년에 약 5천여 건, 의대에서만 1천 5백 건을 발표해 세계적으로 20위 수준에 올라 있다.

연구계획을 세우고 논문을 쓸 때는 지적 호기심이 가장 중요하다. 평범하게 보이는 사실을 한 단계 더 깊게 생각하면 미지의 문제점을 찾게 되는 경우가 많다. 특히 사람의 생명 현상과 질병 기전에는 아직도 규명해야 할 일이 무궁무진하다. 우리처럼 임상의학을 전공하는 경우, 환자의 자료를 분석해 임상논문을 쓰거나 다소 기초적인 연구를 해서 실험논문을 작성할 수 있다.

의학에서는 물론 임상논문이 중요하다. 환자를 진료할 때 직접 활용할 수 있기 때문이다. 은사인 고창순 교수님은 어떤 병의 증례가 많으면 공통점을 살리고, 적으면 각각의 특징을 살려 임상논문을 만들라고 가르치셨다. 사람의 경우 여러 조건을 일정하게 맞추기가 어렵기 때문에 실상 좋은 임상논문을 쓰기란 실험논문을 쓰는 것보다 더 어렵다. 임상 자료에서 제시된 가설을 증명하기 위해 기초 실험을 추가하면 논문의 가치가 훨씬 높아지기도 한다.

기초과학자는 진리 탐구라는 엄숙한 소명召命보다는 실험 자체에 재미를 느껴 열심히 연구하는 경우가 많다. 연구한 내용과 자료를 바탕으로 가설을 세우고 실험으로 사실 여부를 확인할 때 느끼는 희열은 상상을 초월한다. 나도 암세포를 이용한 첫 실험에서 세포결합 방사능이 예상대로 시그모이드 곡선sigmoid curve을 보이는 것을 보면서 느꼈던 기쁨을 아직도 기억한다. 실험 자체만으로도 흥미가 있지만, 연구 결과가 인류 건강에 기여한다고 생각하면 더욱 신나는 일이 된다.

2008년 노벨화학상 수상자인 일본의 시모무라下村脩 박사가 그 예이다. 나가사키에서 고등학교를 다닐 때 원자폭탄이 시내에 투하되었다. 변두리에 있어서 죽음은 피했지만, 낙진을 맞아 방사선에 오염된 그는 죽음의 공포 속에서 청년기를 우울하게 보냈다. 하루는 어두운 물속에서 떠다니는 초록색을 띤 해파리를 보고 매우 아름답다고 생각하고 그 원인을 밝혀 보려고 해양생물학을 전공하게 된다. 그리고 평생을 바쳐 해파리에서 형광단백질인 GFPgreen fluorescent protein를 분리하여 구조를 밝힌다. 후에 GFP가 분자생물학 연구에 획기적으로 기여하여 노벨상을 받게 되었으나, 그는 단지 연구의 즐거움에 빠져 일한 것뿐이었다.

연구 결과는 대개 학술논문으로 출판한다. 내가 쓴 글과 내 이름을 활자로 보는 것은 또 하나의 큰 즐거움이다. 나는 미국 NIH로부터 돌아온 후 암연구소에서 한창 실험에 몰두하면서 논문을 적지 않게 발표하였다. 내가 좋아서 하는 일이고, 논문을 발표하면 내 명예가 빛나는 일인데도 월급을 받는 것이 미안하다는 생각이 들기도 했다.

그러나 이러한 희열은 점차 줄어들어만 갔다. 사람은 상황에 쉽게 익숙해지기 때문이다. 그래서 우리는 변화에서 행복을 느끼기 마련이다. 특히 좋아지는 변화에. 내 경우는 핵의학 분야에서 최상위권 학술지에 논문을 게재하고 국제 학문 사회의 인정을 받으면서 보람과 자긍심을 되찾을 수 있었다. 저명한 학술지의 편집위원으로 위촉받아 세계 각국에서 투고한 논문을 심사하고, 미국핵의학회와 세계분자영상학회에 운영위원으로 참여하는 명예를 누렸다. 그중 몇 개의 학술상은 나에게 과분한 것이었지만.

그런데 지금부터가 문제이다. 연구비를 확보하기가 점점 어려워지고 있다. 개인의 능력이 부족해서가 아니라 나이에 대한 일반적인 관념 때문이다. 연구계획 발표회에 가면 심사위원이 나보다 젊은 사람으로 구성되어 있는 경우가 대부분이다. 심사위원들은 내가 연구하기에는 나이가 많고 연구비도 전체적으로 부족하니, 그만하기를 원하는 기색이다. 사실 빠르게 변화하고 있는 연구 주제나 방법을 충분히 추적하지 못할 때가 있기는 하다.

그러나 연구에서도 경험과 리더십이 아주 중요한 법이다. 연구 내용과 구성원 등 체계를 정비하는 일, 미래의 연구 방향을 제시하는 일에서 그동안의 경험이 중요하다. 그리고 설득력 있는 연구계획서를 작성하고, 핵심을 강조하는 논문을 쓰는 노하우도 전수해야 한다. 그렇다. 연구에서 교육에 집중하는 것이다.

연구에서의 리더십은 무엇인가? 연구자의 어떤 성품을 계발해야 하는가? 다시 2008년도 노벨화학상 수상자 이야기로 돌아가 보자. 일본인 시모무라 외에 뉴욕 콜롬비아대학의 마틴 찰피, 캘리포니아대학 샌디에이고 캠퍼스의 로저 치엔이 노벨화학상을 공동 수상했다. 찰피 교수는 미국에 온 시모무라 박사와 손을 잡고 유전자를 밝히고 의생물학에서 응용하기 시작했다. 한편, GFP의 기본 구조 중 특정 부위의 아미노산 배열이 중요함을 파악한 치엔 박사는 그 구조를 바꾸면서 여러 종류의 형광단백을 만들어 냈다.

이들이 노벨상을 수상할 수 있었던 원동력을 살펴보자. 시모무라 박사는 해파리의 형광물질을 찾기 위해 열정을 가지고 평생을 꾸준히 연구했다. 그의 말처럼 이 물질의 유용성에 대해서 아무런 아이디어도 없는 채로. 찰피 교수는 시모무라 박사가 1960년에 발견한 물질의 가치를 알고, 다른 사람과 협조를 잘하는 인간관계를 바탕으로 협동 연구를 진행하였다. 치엔 교수는 진리의 핵심을 꿰뚫는 통찰력과 비전을 가지고 새로운 응용물질을 다량으로 만드는 데 성공한다. 각 연구자가 가진 열정과 비전을 합친 협동 연구가 빛을 발한 것이다. 이런 태도를 젊은이에게 가르쳐야 한다.

　서울대학교 의과대학은 2017년에 세계 10위권에 진입한다는 목표를 가지고 있다. 그 목표를 달성하기 위해서는 훌륭한 연구와 좋은 논문이 절대적으로 필요하다. 그 다음 해에는 내가 정년퇴직을 한다. 세계 10대 의과대학의 교수로 퇴임하는 영광을 꿈꾸어 본다. 그때까지 나에게는 아직 할 일이 남아 있다.

가르치기 전에 보여 주라

나는 좋게 말하면 성격이 온순하고, 나쁘게 말하면 소심하여 남에게 싫은 소리를 잘 못한다. 그리고 공감을 잘해 다른 사람의 처지를 쉽게 이해한다. 제자가 학업을 게을리 하거나 잘못을 했을 때 웬만해서는 야단을 치거나 질책을 하지 못한다. 제자가 하는 변명이 이해가 되고, 나도 그런 상황이면 그처럼 행동할 것 같다고 생각되기 때문이다. 나도 그럴 것 같은데 어떻게 야단을 치겠는가. 동료 교수가 학생이나 전공의에게 자극을 주기 위하여 일부러 화를 내거나 질책을 할 때에는 그 교수의 탁월한 능력(?)에 감탄하며 부러워하기도 한다.

대신에 내가 사용하는 방법은 모범을 보이는 것이다. 앞장서서 책과 학술잡지를 탐독하고 열심히 연구하고 진료하여 학생과 후배가 따라오게 하는 것이다. 그러나 내 기대에 못 미치는 경우가 대부분이어서 학업이나 연구에서 일의 진척이나 성과가 느리거나 적은 경우가 허다했다. 물론 내가 좋은 모범이 못 된 탓도 있겠지만, 더 큰 이유는 사람의 본성에 있다. 인간은 성인聖人이 아니고 이기적으로 태어나서 가능하면 편하게 살려고 하지 자발적으로 일을 열심히 하기란 힘들기 때문이다. 이는 공산주의가 이론적으로는 그럴듯하나 인간의 본성에 맞지 않아 실패한 것과 비슷하다.

어느 날 교육방송에서 사람과 침팬지의 차이에 관한 프로그램을 보게 되었다. 6백만 년 전에 사람과 같은 조상에서 갈라진 침팬지는 인간과 유전자의 98.77퍼센트가 동일하다. 그러나 인간 뇌세포에서 유전자의 발현과 복사량이 침팬지보다 많아 정신 활동에 차이가 생기는 것이다. 침팬지와는 달리 사람은 축적되어 계속 발전하는 문화를 가지고 있다. 문화는 언어 소통과 교육에 의하여 생기고, 이것이 두 종 간의 차이를 가져온 것이다.

교육에는 능동적인 교육과 수동적인 교육이 있다. 수동적인 교육은 교사가 학생에게 모범만 보이지만, 능동적인 교육에서는 여기에 피드백을 통해 교정해 주고 질책과 상벌도 주어진다. 사람은 능동적 교육을 하지만 침팬지는 수동적 교육만을 한다는 것이다. 예를 들면, 열매의 껍질을 돌로 벗길 때 어미는 새끼에게 방법을 보여 주어 따라하게 하지만, 잘못할 때 혼내거나 교정해 주지는 않는다. 이런 교육 방법이 침팬지에서 기술 전달과 문화 축적을 어렵게 만들었다는 내용이었다.

이 프로그램은 나에게 큰 충격이었다. 나는 그동안 침팬지식 교육을 해 온 것이다! 마음이 온순하다는 이유와 공감한다는 핑계로 적당한 피드백과 교정을 등한시한 것이다. 제자에 대한 무관심과 애정 결핍이 이런 식으로 나타나는가 하는 자성도 하고, 앞으로는 야단도 쳐보겠다고 다짐도 해 봤다.

그러나 내 천성 때문인지 아직도 교육 방법을 바꾸지 못하고 있다. 또 다른 이유는 사람에 대한 나의 믿음과 존중 때문이며, 모든 인간은 성인聖人이 될 수 있다는 미련 때문이다. 아니 성인은 못 되어도 짐승과는 다르다는 인간에 대한 자존自尊 때문이다. 공자는 법치法治보다는 인치仁治를 우선하는 '인간 신뢰의 리더십'을 지향했고, 또 최상의 리더십은 '감복感服의 리더십'이라는 내용을 책에서 보고 내 생각을 확신하기도 했다.

꾸중이나 벌이 없더라도 자발적으로 인간에서 유전자 발현이 증가하고 유전자 복사가 늘어나, 교육 효과를 높일 수 있다는 것이 나의 믿음이요 소망이다.

이판과 사판

항간에서 쓰이는 말에 "이판, 사판이 개판이다."라는 말이 있다. 그러나 이 말이 불교에서 나왔다는 사실을 알고 있는 사람은 많지 않을 것이다. 이판과 사판은 스님을 구분하는 불교 용어이다. 이판理判은 불교의 이치를 공부하는 것으로, 이판승理判僧은 불경을 연구하고 참선에 열중하여 도를 닦고 대중에게 포교를 한다. 반면에 사판事判은 절에서 사무를 담당하는 것으로, 사판승事判僧은 수행은 하지 않고 시주를 걷고, 채소밭을 가꾸고, 공양을 만들고, 청소를 하는 등 사찰의 살림을 도맡아 챙긴다. 즉 자신을 희생하면서 이판이 잘하도록 도와주는 것이다.

이판과 사판은 구별이 확실하다. 서로 각자의 역할만 하지 사판이 바쁘다고, 또 사판에게 미안하다고 이판이 절의 사무를 돕는 일이 없다. 하지만 일정 기간이 되면 역할을 바꾸기도 한다. 절에 따라 다르지만 10퍼센트 정도의 사판 스님이 나머지 이판 스님을 돕는다고 한다.

"이판, 사판이 개판이다."라는 말은 이렇게 엄격한 이판과 사판의 구별마저도 없어진, 아주 혼란한 상태를 뜻한다. 혹자는 본래는 "이판, 사판 (구별이) 없다."인데, 조선시대에 불교를 업신여겨 이 글에 '개판'을 덧붙여 이판과 사판이 다투는 끝장인 상태로 말뜻을 폄하했다고도 한다.

이 글귀의 의미를 가르쳐 준 분은 우리 대학 기초의학교실의 P교수님이다. 레지던트 시절부터 전공 분야가 관련이 있어 친분이 있었고, 나를 동생처럼 아껴주던 분이었다. 전임강사로 발령받고 인사를 드리러 간 나에게 P교수님은 이렇게 물으셨다.

"뜻한 바 있어 출가하여 스님이 되었을 때, 이판과 사판 중에서 무엇을 택하겠는가?"

"물론 이판이 되어 득도하려고 절에 왔겠지요."

"그러면, 정 선생은 대학 교수로서 학문을 하는 이판이 되려는가, 행정을 하는 사판이 되려는가?"

나는 이번에도 망설임 없이 대답했다. "물론 이판이 되어 공부와 연구를 하려고 대학에 왔지요."

"그러면 학교 보직에는 관심을 두지 말고 학문에만 전념하고 제자를 키우게."

아마도 P교수님은 대학에서 보직 교수의 중요성은 알고 있지만, 내성적인 성격에 대인관계도 서툴기 때문에 나에게 맞는 교수 생활의 지침으로 이 이야기를 해주셨을 것이다. 그 후에도 이따금씩 나에게 가르침을 주시고 격려해 주셨는데, 이 자리를 빌려 깊이 감사드린다. 우리 의료계의 선구자였고 나의 지도교수이셨던 이문호 선생님도 학문을 하려면 보직을 맡지 말라고 강조하셨고, 선생님도 교수 외에는 의학회장 일만 하셨다.

요즘은 대학뿐 아니라 사회 각 분야에서 사판이 되려고 하는 사람이 너무나 많다. 남을 위해 봉사하기를 원하는 사람이 많은 것이다. 그러나 나는 25년 동안 염치없이 이판만 계속하고 있다.

핵의학과 소중한 인연

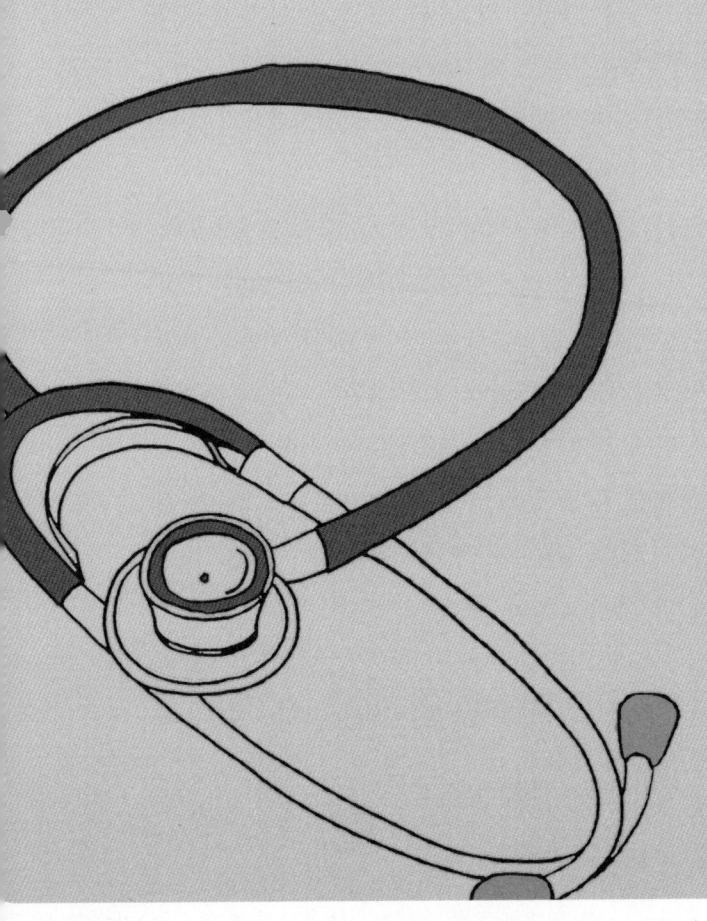

한국 핵의학의 할아버지

2010년은 핵의학이 우리나라에서 본격적으로 시작된 지 50년이 되는 해이다. 지금은 고인이 되신 이문호 교수님이 독일 프라이부르크대학에서 3년에 걸친 연수를 마치고 귀국하여 1960년 5월 30일 서울의대 부속병원에 '방사성동위원소 진료실'을 개설한 것이 그 효시이다.

이문호 교수님은 경성제대 시절부터 독일 유학을 동경하였다. 그 당시 일제강점기에는 독일 의학을 도입했기 때문이다. 한국전쟁 이후 대다수의 의학자가 선호하던 미국 대신, 이문호 교수님은 1954년 독일로 유학을 떠났다. 당시 독일은 학문적 전통과 저력은 있으나 제2차 세계대전의 패전국으로 연구비나 기자재가 많이 부족한 상태였다. 큰 뜻을 가지고 프라이부르크대학에 온 이문호 교수님은 그곳의 실제 상황에 매우 실망하여 독일을 떠나 미국으로 갈 요량이었다고 한다.

그러던 중 크리스마스를 맞이하게 되었다. 그날 저녁 지도교수인 하일마이어는 이 교수님을 집으로 초대하여 의학 연구에서 방사성동위원소의 잠재력을 강조하면서 이를 이용한 혈액학 연구를 제의하였다. 새로운 분야인 핵의학에 흥미를 느낀 이 교수님은 미국 유학의 꿈을 접고, 하일마이어 교수의 수제자인 카이더링 박사와 함께 동위원소연구실을 만들어 휴일도 없이 연구와 진료에 전념하였다.

이 교수님은 3년 동안 각고의 노력 끝에 박사학위를 받고 귀국하여 핵의학을 우리나라에 정착시켰다. 그 후 우리나라 핵의학은 여러 의학자의 꾸준한 노력으로 임상 이용과 연구에서 세계 상위권으로 도약하게 된다.

핵의학의 역사는 1896년 프랑스의 베크렐과 퀴리 부부가 방사성동위원소인 우라늄에서 방출되는 방사능을 발견하면서 시작되었다. 그러나 방사성동위원소의 실제 이용은 20년이 더 지나 헝가리 출신 학자인 헤베시가 방사성추적자 radiotracer의 원리를 제시하면서 시작되었다.

열정적인 청년이었던 헤베시는 1911년 영국 루터포드 교수의 실험실에서 방사성 납과 비방사성 납을 분리하기 위해 1년 이상 모든 방법을 동원했으나 실패하였다. 둘의 화학적 성질이 완전히 같기 때문이었다. 헤베시의 실망은 컸고 정신적으로나 육체적으로 모두 소진된 상태였다. 그러나 깊은 절망의 순간 "소량의 방사성 납을 사용하여 방사능을 측정하면, 생체에서 납의 동태와 대사를 추적할 수 있겠다."라는 영감이 떠올랐다. 20세기 의생명과학 발전의 기반이 된 방사성추적자의 원리는 이렇게 시작되었다. 후에 역사가는 이를 두고 '패배의 절박한 순간에 얻은 승리 a victory snatched from the jaws of defeat'라고 기록하였다.

헤베시는 방사성추적자의 원리를 식물과 동물, 인간의 생체대사 연구에 차례로 적용해 이 분야를 크게 발전시키고, 그 공로를 인정받아 1943년 노벨화학상을 수상한다. 프라이부르크 대학의 교수였던 헤베시는 주치의인 하일마이어 교수에게 의학에서 방사성추적자의 원리를 사용하도록 권했다. 하일마이어 교수는 각종 질환에서 방사성동위원소를 이용한 진단과 치료를 연구하기 시작했고, 여기에 이문호 교수님이 참여한 것이다.

귀국한 후 이 교수님은 '방사성동위원소 진료실'에서 이장규, 고창순, 이정상 선생님과 함께 핵의학적 방법론을 사용해 혈액학, 내분비학, 종양학, 신경학, 신장학 등 다방면의 임상의학을 발전시켰다. 학문적인 성과와 함께 탁월한 리더십을 갖춘 이문호 교수님은 마침내 우리나라 의학 연구의 중심인물이 되어 대한의학회를 발족시키기에 이른다. 이처럼 우리나라 핵의학은 시작부터 세계적인 역사의 흐름 한가운데에 서 있었다. 헤베시가 '핵의학의 할아버지'라면, 이문호 교수님은 '우리나라 핵의학의 할아버지'라고 할 수 있다.

이문호 교수님은 의학박사 67명을 지도하셨는데, 내가 거의 마지막으로 지도를 받은 학생이다. 이 교수님과 나 사이에는 고창순, 이정상 교수님을 비롯해 층층시하로 여러 선생님이 계셨고, 이분들은 이문호 교수님을 아주 깍듯이 모셨다. 우리에게는 이 교수님은 저 구름 넘어 높이 계시는 어려운 분이었다. 선생님의 호인 청봉靑峰처럼.

이문호 교수님은 카리스마가 있는 분이셨다. 큰 키에 서양인처럼 이목구비가 뚜렷하고, 옷도 항상 자리에 잘 어울리게 입으셨다. 하시는 일도 의학회, 보건의료인국가시험원, 학술원 등 고위 단체의 수장 업무였다. 외래 진료 때에도 범접할 수 없는 권위 때문에 환자가 고분고분해, 하루에 수백 명을 보는 경우도 있었다. 이처럼 선생님은 처음 만나는 모든 사람에게 인상적인 분이셨다. 뚜렷하고 잘생긴 외모만이 아니라 속에서 느껴지는 충실감과 리더십 때문이다. 사모님 말씀이, 독일 유학 시절 살던 하숙집에 갔더니 당시 머물던 방에 선생님 사진이 아직도 걸려 있더라고. 주인 할머니에게 이유를 물으니, 언젠가는 크게 될 사람이라 남겨두었다고 말했단다.

선생님은 의지력을 가진 천생의 리더로, 독일 유학에서 배운 핵의학 방법을 우리나라 의학 연구에 접목시켜 의학 발전에 크게 기여하고 마침내 대한의학회를 설립하셨다. 기초의학과 임상의학, 각 전문 과목 사이에서 생기는 많은 갈등과 문제를 해결하고, 의학계 주변 학문과 사람을 의학계로 끌어들였다. 선생님은 우리나라 현대 의학계에서 이름에 걸맞은 대부代父이셨다.

그러나 실제로는 소탈하고 열린 마음을 가지고 계셨다. 오후 다섯 시경 출출할 시간이면 비서가 준비한 간식을 레지던트와 같이 나누어 드셨다. 일요일이면 연구실에 들러 휴일 근무 중인 연구원과 점심을 시켜서 드시기도 했다. 야유회나 회식 때는 애창

곡 〈나 혼자만의 사랑〉을 옐로우 보이스로 부르곤 하셨다. 제자인 최성제 교수가 젊어서 세상을 뜬 후에 그 이야기를 하실 때면 교수님의 눈가가 촉촉하게 젖어들던 기억이 생생하다.

무엇보다도 교수님은 부지런하고 대단히 학구적이셔서 항상 일을 하거나 글을 쓰고 계셨다. 〈갑상선학〉이라는 우리말 책을 1978년에 출판하고 그 후 〈유행성 출혈열〉, 〈갑상선 세포진단〉, 〈임상핵의학〉 등 선생님과 제자들의 업적을 끊임없이 정리해 책으로 엮었다. 학술잡지와 의학전문지에는 선생님의 논문과 글이 언제나 실렸고, 제약회사 잡지 등에서 원고를 부탁해 와도 거절하는 법이 없으셨다. 제자들이 논문이나 원고를 작성해서 드리면 그 바쁜 일정에도 하루 이틀이면 교정해 주셨다.

제자들에 대한 선생님의 사랑은 남달라서 본인의 희망에 따라 좋은 자리를 만들어 주려고 애쓰셨다. 열 명이 넘는 제자들이 서울의대 교수가 되어 '이문호 사단'을 구축했고, 서울대학교에서 퇴임한 후 아산중앙병원에 가신 것도 제자들의 일자리를 만들기 위해서라는 얘기를 들었다. 회식 자리에서는 "내 어깨를 밟고 한 단계 더 도약하라."면서 우리를 격려하시기도 했다.

후에 몇 번 뇌혈관 경색으로 입원하셨는데, 내가 병실을 찾았을 때 선생님께서는 동문 주소록 수첩을 보고 계셨다. 많이 잊어버렸다면서 사진과 맞추어 제자들 이름을 다시 외우시면서.

선생님은 당신이 하시는 일에 대한 자부심이 대단하셨다. 자기 일과 성과를 스스로 중요하다고 생각하지 않으면 다른 사람도 하찮게 여기기 마련이다. 자기 존중과 자기 일에 대한 확신이 선생님을 열심히 하게 만들고, 다른 사람들도 인정하게 만들었다. 가치는 본래부터 있는 것이 아니라 우리가 만드는 것이다. 수많은 평범한 사람 중에 서로 만나 연인이 되면 갑자기 가장 소중한 사람이 되는 것처럼.

선생님이 활동하시는 동안 성북동 자택에서 수시로 국내외 손님과 제자를 위한 만찬을 열고, 제자 교수의 부인 모임을 만들어 다독거리시는 등 사모님의 내조도 선생님의 명성에 한몫을 했다. 선생님이 돌아가신 후에 사모님은 유물을 잘 보관하고 정리하여 개인 박물관인 '청봉 사랑방'을 만드셨다. 방문한 사람들은 중요한 모든 자료를 사모님이 50년 이상 모은 것이라는 사실에 놀라게 마련이다. 처음 눈에 띄는 것이 선생님이 받은 세 개의 정부훈장과 동상이다. 경성제대 의예과 배지, 독일에서 온 편지, 신문 기사, 개인 수첩, 여권 등이 가지런히 정돈되어 있다. 지금도 사모님은 건강하셔서 우리 제자 부부들과 정기적으로 만남을 가지고 있다.

선생님은 나에게는 커다란 코끼리와 같다. 이 글은 마치 장님인 내가 전체는 보지 못한 채 다리, 코, 꼬리 일부만 만지고 코끼리가 어떻다고 말하는 것과 같다. 선생님은 내 소견과 안목으로 나타내기에는 너무나 큰 분이시기 때문에.

든든한 버팀목, 고창순 교수님과의 인연

나는 감히 말할 수 있다. "고창순 교수님이 학문적으로나 사회적으로 갓난아이였던 나를 여기까지 길러 주셨다."라고. 전공의를 시작한 1977년부터 선생님께 지도를 받기 시작했으니 어느덧 34년째 은혜를 입고 있다.

의대 4학년 말 개인적인 첫 대면부터 고창순 선생님은 인상적이셨다. 나를 온전한 성인이자 의사로 대우하시는 모습에서 선생님의 인품을 느낄 수 있었다. 12월 31일 한 해를 마무리하는 날에는 연구실로 전공의들을 불러 함께 건배를 하곤 했다. 새해 첫날에는 고 선생님 댁으로 세배를 가는 전통이 있었는데 그때는 모든 내과 전공의가 다 모여들었다. 선생님은 나를 특별히 챙겨 옆에서 식사를 하게 하면서, "나는 밥 잘 먹는 사람을 좋아한다."라고 말씀하셨다. 잘 먹는 사람은 자연히 건강해져 일과 공부를 잘하게 되므로 좋아하신다는 뜻이었다.

내가 본격적으로 핵의학을 접하게 된 전공의 시절에는 이미

고 선생님이 대학병원의 부원장을 맡고 계셨다. 우리나라 유사 이래 가장 큰 신축병원의 실무를 총괄하고 있던 터라 항상 분주하셨다. 어쩌다가 선생님을 만나 뵈려고 방에 찾아가면, 행정직원과 손님들이 줄을 서서 기다리고 있을 정도였다. 선배들은 고 선생님과 일대일로 앉아서 핵의학 영상이나 검사 소견을 검토하면서 배웠다고 하는데, 불행하게도 나에게는 그런 기회가 없었다. 외래진료를 하실 때 보조하는 일이 고작이었다.

고 선생님은 제자들과 어울리는 것을 좋아하셨고, 우리도 선생님이 피곤하지 않고 여유가 있을 때를 골라 댁 근처에서 회식을 하다가, 통행금지 직전에 맥주를 사들고 선생님 댁을 방문하곤 했다. 동위원소실 수석 전공의의 고민은 고 선생님 댁에 가는 타이밍을 맞추는 일이었다. 우리는 선생님을 뵈러 갔다가 통행금지에 발이 묶여 할 수 없이(?) 밤새워 술을 마시며 이야기를 하고 새벽에 사모님이 끓여 주시는 해장국을 먹고 병원에 출근하는 시나리오를 꾸미곤 했다. 제자들에 대한 선생님의 애정이 각별했기에 가능한 일이었다.

무엇보다도 선생님은 따뜻한 분이셨다. 내가 임상 각과를 한 달씩 돌며 근무하는 인턴 때에도 핵의학 책을 주고 공부를 시키셨고, 신축 병원에 핵의학과가 본격적으로 가동되었을 때는 여러 전문가에게 부탁하여 영상 분석에 사용하는 컴퓨터 교육을 잘 받을 수 있도록 신경을 써주셨다. 사모님은 우리 첫애의 배냇저고리를 보내주시기도 했다.

신축병원이 개원한 다음해인 1979년 핵의학과에 감마카메라와 PDP-11 컴퓨터가 본격적으로 가동되어 한국에서는 처음으로 핵의학 영상 정량 분석의 막이 올랐다. 그 당시에는 대형 컴퓨터였던 PDP-11은 핵영상의 정량 분석이나 동적 영상의 분석에 쓰이고, 특히 심장핵의학 검사를 수행하고 개발하는 데 긴요했다. 따라서 이 컴퓨터는 냉방 시설을 갖춘 넓은 방에 설치되었고, 먼지를 방지하기 위해 마루를 깔고 출입할 때는 전용 샌들을 신었다.

고 선생님은 병실 근무를 끝내고 전공의 2년차가 된 나를, 미국에서 잠시 나온 핵의학 전산 전문가인 김일섭 선생에게 부탁해 PDP-11의 사용법을 배우도록 하셨다. 김일섭 선생이 미국으로 떠난 다음날 새벽, 책임을 맡은 나는 속으로 기도를 하면서 긴장된 상태로 컴퓨터를 작동시켰다. 그런데 시작 스위치에 불이 들어오지 않는 것 아닌가! 분명히 전날까진 작동이 되었는데. 컴퓨터는 고장 났고 해결 능력이 전혀 없는 나는 의공학과 직원을 긴급호출하고 전전긍긍하였다. 직원이 와 보니 컴퓨터 고장이 아니라 단순히 스위치 전구가 나간 것이었다.

전공의 시절 많은 시간을 심장핵의학 영상 분석으로 보냈다. 순환기내과 출신인 고 선생님은 심장핵의학에 관심이 많으셨다. 나는 다른 병원에는 없는 장비를 이용하여 이 새로운 분야의 진료와 연구를 독점할 수 있었다. 학술대회에서도 답변이 궁하면 '컴퓨터 분석' 운운하면 상대방은 대개 기가 죽기 마련이었다. 고 선생님은 이러한 나를 내세우며 흐뭇해하셨다.

1982년 전공의를 마치고, 고창순 교수님과 홍기석 선생님의 도움으로 소격동 서울국군지구병원에 발령을 받았다. 얼마 지나지 않아, 고 선생님이 십이지장암으로 대수술을 받게 되었고, 합병증으로 입원 기간이 길어지자 사모님의 부담을 덜어드리기 위해 제자들이 번갈아 밤 간호를 맡았다. 내가 간호를 하는 밤에는 선생님과 진솔한 이야기를 오래도록 나눌 수 있었다. 고 선생님은 당신이 아파서 제자들을 도와주지 못하는 것을 제일 미안해하셨다.

3년간의 군 복무를 마칠 무렵, 고 선생님은 서울대학교에 내 자리를 만들려고 많은 노력을 기울이셨다. 그 당시는 문교부 발령 정식 교수만 있어서, 대학에 새로운 교수 자리를 만들기가 쉽지 않았다. 선생님 말씀처럼 계란으로 바위치기나 다름없었다. 가망이 없어 일단 국립의료원으로 첫 출근을 하는 날, 대학에 핵의학 교수 모집 공고가 나왔다. 선생님이 기울인 노력이 빛을 본 것이다.

대학에서 고 선생님과 이명철 선생님을 모시고 핵의학 일을 정말 재미있게 했다. 고 선생님의 지도 아래 교수 드림팀을 만들어 PET 센터 설치, 전문의 제도 도입, 핵의학교실 개설 등 우리의 숙원을 하나 둘 해결해 나갔다. 학문적 성취도 많아 미국핵의학회 발표 논문 수가 세계적으로 우리나라가 국가별 4위, 우리 과는 병원별 2~3위가 되었다.

2009년 내가 대한의학회에서 바이엘쉐링임상의학상을 받을 때 고 선생님은 당신 일처럼 기뻐하셨다. 사실 그 상은 고 선생님이 대표인 우리 핵의학 팀에 준 것이나 다름없었다. 시상식장 참석자, 화환, 인사말, 수상자 동영상 등 세밀한 부분까지 나 모르게 신경을 써주셔서 훌륭한 시상식이 되었다. 권이혁 선생님은 축사에서 "정준기 선생이 고 교수님을 만난 것은 일생의 행운"이라고 하셨다. 정확한 말씀이다.

제자의 성공을 선생님처럼 기뻐하는 교수님은 없을 것이다. 병원 행정에 관여하시면서부터는 진료와 연구의 대부분을 제자에게 넘겨주셨고 그 성과나 명예도 선생님의 몫으로 돌리지 않으셨다. 선생님이 여건과 기초를 마련하고 제자들이 마무리하여 열매를 따가도록 하신 것이다. 덕분에 여러 제자들이 서울대학교를 비롯한 유수 대학의 교수가 될 수 있었다.

제일 혜택을 많이 받은 사람이 나일 것이다. 보잘것없는 능력을 가진 나에게 좋은 여건과 기회를 주시고, 가르침을 주시고 방패가 되어 주셔서 작은 업적이나마 이루게 하셨다. 지난 34년 동안 나는 속절없이 선생님께 은혜를 받기만 했다. 이보다 더 큰 행운이 있을까?

'찔러 홍'이라 불리는 선배

홍기석 선생님은 동위원소실 3년 선배이다. 선생님은 순 서울 사람이다. 부모님은 이북에서 월남했지만, 선생님은 서울에서 태어나, 강남에서 개업을 하고 청담동 집에서 살고 있다. 시골에서 올라온 나에게 언젠가 장난삼아 자랑을 했다. "나는 서울에서 초등학교, 중학교, 고등학교, 대학교를 일류 학교만 다녔다. 심지어는 대학입시에 실패하여 재수할 때도 일류 학원을 다녔다."

생활도 서울 사람 식이고, 경제적 여유가 있고 안목이 높아 의식주의 품격이 다르다. 음식은 일식과 이탈리아식을 가장 좋아하고, 맛있게 하는 식당을 찾아다니는 미식가이기도 하다. 음주를 즐기는 홍 선생님을 따라 나도 한때는 작곡가 길옥윤이 운영하는 '창고'라는 맥주 집을 다닌 적이 있다.

홍 선생님은 집에 좋아하는 화가의 그림을 걸어 놓고, 음악은 진공관으로 만든 옛날식 앰프로 듣는, 한마디로 멋을 아는 분이다. 오수환 화백, 이영학 조각가와는 막역한 친구 사이고 도자기, 목조가구 같은 우리 전통예술에도 식견이 있다. 고창순 선생님이 퇴임하시던 해에는 조각가 이영학에게 부탁해 교수님의 흉상을 제작하였다. 선생님의 인자한 모습이 잘 표현되어 있는 그 흉상은 지금도 핵의학과 의국을 지키고 있다.

홍 선생님은 180센티미터에 가까운 큰 키에 귀공자 같은 얼굴로, 어떻게 보면 생텍쥐페리 소설의 어린왕자 그림과 비슷하다. 그런 까닭에 레지던트 시절에는 병원 여직원들의 가슴을 설레게 했다. 성격은 활달하나 경망스럽지 않고, 말과 행동은 직선적이면서도 사려가 깊다. 레지던트 시절, 의대생을 위한 인성교육용 영상을 제작할 때는 '나쁜 의사' 역할을 하기도 했다. 어떻게 보면 건방져 보이니까.

내가 홍기석 선생님에 대해 이렇게 편하게 이야기할 수 있는 것은 친형처럼 생각하기 때문이다. 우리는 고창순 교수님 제자로 인연이 남달랐다. 1976년 동위원소실에 찾아갔을 때 처음 만났고, 다음해 가을 특실을 담당하는 주치의와 인턴으로 한 달 동안 일을 같이 하게 되었다. 우리는 서로 죽이 맞아 환자도 열심히 보고 저녁이면 회식과 음주도 즐겼다. 유난히 중환자가 많았으나 치료가 잘되었고, 한 달 중 당직이 아닌 보름 동안은 저녁 내내 같이 보냈다.

1978년 레지던트를 시작하면서는 동위원소실에서 같이 지냈다. 홍 선생님이 의국 수석 전공의여서 의국 살림을 맡아 접촉이 많았다. 그해 4월로 기억한다. 홍 선생님이 주말에 자료 정리를 우리 1년차 레지던트 세 명에게 맡겼다. 각자 여자 친구가 있었지만 만날 시간이 없던 우리는 일요일 낮에 동위원소실로 여자 친구를 불러 여섯 명이 같이 자료를 정리하고 있었다. 병원에 잠깐 들렀다가 우리를 만난 홍 선생님은 미안하여 어쩔 줄 모르시며 점심을 사주시고 나중에 야유회 때는 여자 친구를 초청해 주셨다. 홍 선생님은 그런 사람이었다.

그는 은사인 고창순 교수님을 특히 잘 모셨다. 명절이나 스승의 날 같은 기념일에 식사 대접을 하는 것은 물론이고 평소에도 주말이면 교수님을 모시고 골프를 즐겼다. 고 선생님이 건강하실 때는 사모님도 모시고 휴가차 해외여행을 하기도 했고. 한번은 홍 선생님의 친척을 만났는데, 홍 선생님이 친아버지보다 고 교수님을 더 챙긴다고 불평한 적도 있다.

나는 홍 선생님의 길을 그대로 따라갔다. 동위원소실의 여러 업무를 인계받았고, 특히 선생님이 주로 개발한 갑상선 흡입세포검사를 넘겨받았다. 그 당시에는 많은 사람이 신뢰하지 않았지만, 우리의 노력으로 외국보다 이 검사법을 먼저 확립하여 보급할 수 있었다. 이러한 내력은 모른 채 병리과에서 유용하게 사용하고 있으나, 홍기석 선생님의 공로는 다시 인정받아야 할 것이다.

내과 진료는 생각보다 훨씬 공격적인 면이 있다. 수술을 하지 않으니까 피를 볼 일도 없고 손재주가 없어도 될 것 같지만, 실상은 다르다. 오히려 숨어 있는 병을 찾아내기 위해 주사기나 굵은 바늘로 몸속 체액을 뽑고, 조직검사를 하고, 골수를 채취하는 등 적극적으로 진료한다. 지금은 초음파, CT와 MRI 같은 영상 장비를 이용하여 좀 더 정확하고 안전하게 검사하지만, 그 당시에는 순전히 의사의 감각과 손재주에 의존하였다.

홍 선생님은 이런 테크닉의 대가였다. 체액과 조직 채취를 내과의 누구보다도 잘했다. 손재주가 좋은 외과의사보다도 잘하여 컨퍼런스에서 내과의 체면을 높이기도 했고, 마침내 '찔러 홍'이란 별명까지 얻었다. 병실에서 이런 검사에 실패하거나 VIP를 검사할 때면 초청을 받기도 했다. '찔러 홍'의 비법을 배우고 싶어 가르쳐 달라고 조르는 나에게 홍 선생님은 말했다. "정 선생에게만 알려 주는 거야. 꼭 빼내겠다는 마음이 제일 중요해."

나는 동위원소실 수석 전공의도 맡았고, 선생님에게 아르바이트 자리도 인계받았다. 군대도 인계받아 장교 훈련을 마치고 바로 국군서울지구병원에 근무했다. 군의관이 되면 최소한 첫해는 전방 근무를 해야 하지만, 특수요원으로 처음부터 3년을 서울에서 근무하게 된 것이다. 홍 선생님의 수완 덕분에. 군대 병원에 와 보니 그의 능력을 더욱 실감할 수 있었다. 선생님이 만든 진료 시스템뿐만 아니라 인적 관계가 나에게도 큰 도움이 되었다.

홍 선생님은 군대를 제대한 다음 원자력병원에 잠시 있다가 강남에서 내과로 개업하여 성공하였다. 대학에서 핵의학을 전공하길 원했으나 교수 자리가 없었다. 은사이신 고창순 교수님이 가장 안타까워 하셨으리라. 나도 더 이상은 홍 선생님의 길을 따라가지 않고 운이 좋아 대학에 근무하게 되었다. 아니, 따라가서 같이 개업할 걸 그랬나?

개업을 한 후 '찔러 홍'의 능력은 내시경검사에서 십분 발휘되었다. 병원은 소화기, 갑상선, 혈액 질환 환자로 북적였고 강남에서 신뢰받는 병원이 되었다. 5년 전에 갑자기 PET/CT를 설치할 때는 개인병원에 비싼 기기를 설치하는 무모함에 모두 반대하였다. 실제로 비용도 많이 들어 현재도 적자를 면치 못하는 상태이다. 이런 사정을 다 예측했지만, 홍 선생님이 설치를 감행한 속마음을 나는 알고 있다. 핵의학에 대한 애정과 미련 때문에.

그는 누구보다도 핵의학을 사랑했고, 사랑하는 사람이다.

핵의학계의 글로벌 리더, 이명철 교수님

내 인생에 큰 영향을 준 또 한 분은 이명철 선생님이다. 이 선생님은 내가 핵의학을 시작하여 외로울 때나 즐거울 때나 언제나 함께하고 있는 선배이자 동반자이다. 1976년 처음 인연을 맺었고, 1985년부터 지금까지 같이 살아오고 있다. 보통 아침 8시에 병원에 출근해 저녁 6시까지 열 시간을 옆방에서 지내고 저녁 모임을 같이 하는 경우도 많아서, 어떤 면에서는 가족보다도 더 많은 시간을 함께 보내고 있다.

이명철 선생님은 타고난 리더이다. 굳은 의지와 굵은 선의 성격에 탄탄한 체력이 뒷받침하고, 여기에 쾌활한 성격과 외향적인 태도가 합해져 의학계에서 최고의 인적 네트워크를 가지고 있다고 조선일보에 보도된 적도 있다. 친분 관계에 따라 사적으로 만든 모임이 40여 개에 이른다고.

이명철 선생님은 우리나라에서 핵의학만 전공한 최초의 의사이다. 서울의대 부속병원 내과에 고창순 교수님이 방사성동위원소 TO를 만들어 처음으로 교육을 시키셨다. 이 선생님은 핵의학의 확립과 발전을 평생의 목표와 과제로 삼으신 분이다. 우리 핵의학으로는 큰 행운이라 할 수 있다. 그는 우리나라에서 핵의학 전문의 제도를 만들고 PET 센터를 최초로 개설하고, 핵의학교실을 만들었다. 또한 국제적으로도 리더십을 발휘하여 세계핵의학회장을 역임하고 아시아지역 핵의학협력체인 ARCCNM을 창설하였다.

이렇게 만든 제도적 틀을 바탕으로 지난 30년간 우리나라 핵의학은 비약적으로 발전해 왔다. 현재 국내 1백 60여 개 병원에 핵의학 시설이 있고, 연간 백만 건 이상의 영상검사와 천만 건 이상의 검체검사, 3만 건의 치료를 시행하고 있다. 특히 이명철 선생이 심혈을 기울여 육성해 온 PET는 1백 60여 대가 설치되어 세계적인 수준이다. 학문적으로도 괄목상대하여 가장 권위가 있는 미국핵의학회 연례 학술대회에 한국에서 1백 50여 편을 발표하여 세계 4위를 유지하고 있다.

그는 인근 학문과의 연계도 중시한다. 의용생체공학, 방사약학, 원자력학, 방사선생물학과 학문 간 연구를 통해 원자력의학의 통합적 발전을 도모하고 있다. 이들 학회에 핵의학을 대표하여 적극 참여하여 관계자들과 친밀한 관계를 유지하면서 핵의학의 동반 발전을 꾀하고 있다. 이들 학회의 회장도 역임했고, 현재는 세계동위원소기구의 회장으로 활동하고 있다.

이렇게 많은 일을 벌이고 업적을 낼 수 있던 이유는 그의 타고난 부지런함과 체력 덕분이다. 전날 늦게 잠자리에 들어도 새벽운동을 반드시 하고 산책을 한다. 점심과 저녁 식사 약속이 항상 있고, 매일 매시간 스케줄이 잡혀 있다. 일이 없으면 병이 나는 타입이어서 일을 만들어 한다. 또 다른 이유는 선생님이 가지고 있는 대범함과 섬세함이다. 중·고등학교 시절부터 리더 역할을 해 와서 일의 전체 윤곽을 빨리 파악하고 사소한 이해는 초월한다. 특히 어릴 때 고생하며 자라서 웬만한 어려움은 쉽게 견디고 돌파하는 추진력이 있고, 상황 변화에 적응하는 능력이 뛰어나셨다. 한편 섬세하고 꼼꼼하여 일의 마무리가 확실하다. 이런 섬세함과 잔정이 아랫사람을 모으고, 목표를 향해 협력하여 일하는 분위기를 만드는 것이다.

핵의학 분야에서 선생님은 글로벌 리더라는 명칭에 걸맞은 활약을 하셨다. 2002년부터 2006년까지 세계핵의학회장으로 있는 동안 이전 회장들과는 달리 후진국의 핵의학 발전을 위해 전력을 다했다. 특히 2001년에 아시아지역 핵의학협력체인 ARCCNM을 만들어 이 지역 핵의학의 발전을 이끌었다. ARCCNM은 매년 아시아 후진국에서 국제핵의학 심포지엄을 개최하여 핵의학의 최신 정보를 전파하는 역할을 톡톡히 하고 있다. 이 단체는 순전히 그의 아이디어와 추진력으로 결성되었고, 아시아 핵의학 학교도 만들어 교육을 강화하고 있다. 그는 걸프 지역에도 비슷한 기구를 만들도록 유도하고, 동유럽과 라틴아메리카에도 큰 자극을 주었다.

선생님은 비전을 가지고 행동하는 리더이다. 핵의학의 발전을 위해서는 방사선의학 전체가 협력 발전해야 하고, 방사선의학은 원자력학, 방사선 생물학, 물리학 등 연계학문의 협력이 필요하다. 이를 위해 원자력응용의학진흥협회를 만들고 원자력의학포 럼을 기획했다. 더 나아가 바이오기술BT, 정보기술IT 등과의 융합이 중요하다는 방향을 제시하고 현재 실행에 옮기고 있다.

이명철 교수님은 개인적으로는 친형 같은 분이자 생명의 은인이기도 하다. 외롭게 핵의학을 전공한 우리는 형제가 되었고, 일생의 목표를 핵의학 중흥으로 삼고 살아왔다. 같은 목표를 가지고 따라가면서 내 성격과 생각은 선생님을 닮아 갔다. 소극적이고 내성적이던 성격도 능동적, 외향적으로 바뀌었다. 리더십도 생기고 세상을 보는 눈도 점차 성숙해졌다. 친구들이 이 선생님 덕분이라고 인정해 준다.

공부와 연구도 열심히 했지만 필요할 때는 로비를 겸한 회식도 많이 했다. 선생님을 따라 하다 보니 때로는 내 능력을 넘어설 때도 있었다. 2004년 말에는 이 선생님이 나를 억지로 건강진단을 받게 하여 위암을 조기에 발견해 수술로 완치할 수 있었다. 그때를 놓쳤다면 세계학회가 끝나는 2006년이 지나서야 검사를 받았을 것이다.

친구들은 이따금씩 "이명철 선생님이 너에게 병 주고 약 주었다."라는 농담을 하곤 한다. 이명철 선생님이 내 곁에 안 계셨다면 내 학문적, 육체적 수명은 지금보다 훨씬 단축되지 않았을까. 나와 집사람은 선생님을 평생의 은인으로 생각하고 있다.

북한 핵의학자와의 은밀한 만남

내과에서 핵의학으로 전공을 바꾸고 제일 심하게 느꼈던 것은 외로움이었다. 낯선 학문인 핵의학을 전공하는 동행자가 거의 없었기 때문이다. 30대 초반에 군의관으로 군복무를 마치고 서울대학교에 복귀한 나는 젊은 나이에 대한핵의학회 이사를 맡았다. 이사회에서 핵의학 전문의 제도 설립을 추진하기로 가결하고 각자의 향방을 물었을 때, 나만 남고 참석한 다른 이사 모두가 내과와 방사선과로 복귀한다는 사실을 알고 배신감과 함께 사막에 홀로 남겨진 것 같은 고독감에 뼛속까지 외로웠다.

사막이 더욱 넓고 막막하게 느껴진 것은 핵의학의 미래에 관한 불안감 때문이었다. 그 당시 핵의학은 PET는 물론 SPECT도 없이 단순 감마선 영상법에 실험실 검사인 방사면역측정법이 전부였다. 최신 장비로 영상분석용 컴퓨터가 도입되어 영상을 나름대로 정량 분석을 하며 위로를 삼을 때였다. 한편 방사선과에서는 CT에 더하여 초음파, MRI 검사를 임상진료에 사용하기 시작했고, 효소면역측정법이 개발되어 핵의학 실험실 검사를 대체할 것이라고 했다. 나를 아끼던 몇 분은 내과에 남는 것이 어떠냐고 넌지시 권하셨다. 당시 내과 한용철 과장님도 같은 의견이셨다.

그때 나에게 용기를 북돋아 준 것은 미국 존스홉킨스 병원에서 연수 중이던 이명철 선생님의 편지였다. 미국에 와보니 핵의학의 미래는 확실하고 우리나라에서도 더 발전할 수 있다, 한국 의학계에서 우리가 할 역할이 있다고 편지마다 강조하셨고, 선구자인 우리에게도 혜택이 있다고 용기를 주셨다. 내 생각에도 핵의학은 의학 연구 방법론으로는 상당히 유용했고, 학문 세계에서 살아남을 것 같았다. 그때부터 나는 인생의 성패를 핵의학의 진흥과 연결 짓기로 결심하였다.

무엇보다도 시급한 것이 내과에 연차별로 한 명씩 핵의학 TO로 남아 있는 전공의 후배들이었다. 당시 내과는 이미 세부 전문 분과로 나누어지기 시작하였고, 고창순 교수님은 암과 씨름 중이셨다. 이 와중에 똑똑한 후배가 설 자리가 없어 눈동자에서 자신감을 찾을 수 없었다. 나는 지금은 '못난 오리 새끼' 같지만 백조가 되어 비상할 날이 반드시 온다고 후배들을 독려했다. 하지만 영악한 후배 몇 명은 핵의학을 떠나고 말았다.

나에게는 전국에 몇 안 되는 핵의학 의사는 모두 형제 같았고, 핵의학 관계자는 친척이나 다름없었다. 만나면 반가웠고 그동안 궁금했던 내용을 토론하고 자료를 교환하였다. 핵의학 용어를 같이 말한다는 자체가 반가웠고, 조금이라도 배우고 가르쳐 주려고 안달하였다. 같은 길을 걷는 동료가 있다는 것이 위로가 되고 즐거웠다. 형편은 많이 나아졌지만 지금도 모두 공감할 것이다.

국제원자력기구IAEA도 큰 힘이 되었다. 핵의학 분야 담당관인 스리랑카의 피아세나 박사는 우리나라를 비롯한 후진국의 사정을 꿰뚫고 있었고 고창순 교수님과도 친분이 두터웠다. 피아세나 박사가 주관한 방사면역측정법의 정도 관리를 컴퓨터로 자동화하는 연수교육에는 고 선생님이 우리나라 대표로 나를 추천하셨다.

1987년 3월에 인도네시아 자카르타에서 3주간의 아시아 각국 전문가를 위한 연수가 예정되었고, 나도 큰 기대를 가지고 있었다. 그런데 출국 전에 중앙정보부 요원이 나를 찾아왔다. 평양의대 핵의학과 K과장이 참석한다는 것이었다. 북한 사람은 혼자서 국제학회에 참석하지 못하게 하는데, 이 사람은 혼자 오니 최고 위층이라는 설명이었다. 자카르타 한국대사관에 중앙정보부 요원이 있으니 상의하면서 잘 대처하라는 지시였다. 그 당시는 자유진영과 공산진영 간에 냉전이 심각했기 때문에, 출국 전에 안보교육을 받으면서 상황이 이상해져 북쪽에 납치되지나 않을까 불안하기도 했다.

이런 사정을 가족에게도 이야기하지 못한 채 비장한(?) 각오로 연수에 참가하였다. 하루 늦게 도착한 북한 대표는 인상도 좋고 시골 아저씨처럼 털털한 50대 초반의 신사였다. 루마니아에서 공부를 하고 귀국하여 북한에 핵의학을 전파한 선구자였다. 평양의대에서 핵의학과를 설립할 때 방사선과와 갈등이 있어 다음과 같이 일갈하였다고. "너희가 생리기능영상에 대하여 무엇을 아는가?" 그는 차례로 북한 대학병원 여덟 곳에 핵의학과를 설립했다고 한다. 그도 우리처럼 핵의학 발전에 인생을 건 우직한 도박꾼이었다.

그도 북한에서 외롭게 핵의학을 시작했기 때문에 우리는 금세 아저씨와 조카처럼 가까워졌다. 30명이 넘는 외국인 가운데 우리말로 자유롭게 이야기할 유일한 상대인 우리 둘은 시간이 날 때마다 만나곤 했다. 핵의학 이야기도 했지만, 아무래도 처음 만나는 남북 사람이다 보니 서로의 삶이 궁금했고, 그 당시 한국은 전두환 정권으로, 북한은 김정일 정권으로 바뀌는 시점이라 예민한 문제까지 서로 알고 싶어 했다. 점잖은 그는 "광주 민중항쟁을 텔레비전으로 보았는데 전두환 대통령이 조금 심하게 했더군."이라고만 하였다.

K선생도 이 세미나에 참석하는 것이 불안하기는 마찬가지였다. 출국 전 그쪽 공안부에 가서 남쪽에서 오는 사람에게 어떻게 처신해야 하느냐, 사진을 같이 찍어도 되느냐 물어보니 그냥 자연스럽게 지내라고 했다나. 싱가포르 공항에서 비행기를 갈아타려고 기다리는데, 대한항공 안내방송을 우리말로 하여 기겁을 했다고 한다. 이는 한국 사람이 많다는 의미이고, 남한 중앙정보부에서 자기를 납치하지나 않을까 전전긍긍하면서 자카르타까지 왔다는 것이었다. 서로 입장도 비슷하고 생각이나 생활습관도 비슷하여 놀라웠다.

어느 날 일행은 세미나 일정 가운데 여가시간을 대규모 놀이동산에서 보내게 되었다. 놀이동산에서 흩어지자마자 우리 둘은 보트를 타고 큰 호수 한가운데로 나아가 서로 정치적인 깊은 이야기까지 하느라 시간이 가는 줄도 몰랐다. 저녁에 모이는 장소를 착각하여 다른 곳에서 기다리다가 일행이 오지 않아 둘이서 택시를 타고 호텔로 돌아왔다. 한편 놀이공원에서 남북한 두 사람이 실종된 것을 안 일행은 공원을 30분이 넘도록 샅샅이 뒤졌으나 찾지 못하고 놀란 가슴으로 호텔로 돌아오다가 숙소 앞에서 아저씨, 조카 운운 하면서 맥주를 마시고 있는 우리 두 사람을 보고 크게 화를 내었다. 결국 내가 피아세나에게 정중히 사과해야 했다.

나보다 연륜이 많은 K교수는 남북한이 모두 정치인의 희생물이라고 말했다. 공산주의나 자본주의나 사실 큰 차이는 없다는 것이다. 따지고 보면 집권자들이 자신들을 위해 체제를 이용하고 있다는 것이다. 찬성은 하지만 이야기를 하다 보면 K교수는 사회주의에 대한 기본 신념이 있었고, 나도 자유민주주의에 대한 신념이 있어 확실한 인식 차이는 있었다.

예를 들어, K교수는 현대인들이 하나님이나 천당이 없다는 것은 알지만 종교가 있으면 윤리적으로 좋아서 신앙을 가지는 것이라고 하였다. 그런 면도 있지만 죽고 나면 인생이 허무하여 하느님을 찾는 것이 아니냐고 내가 반문하자, 그는 이렇게 대답하였다. "내가 죽어도, 우리가 이룩한 사회 속에서 내 자식들이 살게 되는데 허무할 게 뭐가 있는가?"

그러나 핵의학에 대해서는 의견이 서로 일치하였다. 앞으로 임상의학에도 기능영상의 시대, 대사영상의 시대가 온다는 신념이었다. 선진 기술에 대한 정보가 없는 그에게 심장핵의학의 정량분석과 PET의 가능성을 이야기해 주었다. K교수도 어렴풋이 들은 정보가 있어 컴퓨터에 대한 식견을 가지려고 공과대학을 찾아가 라디오도 분해해 보았다고 한다. 라디오 분해와 조립이 핵의학 진흥에 얼마나 도움이 되려는지. 열정 하나만 가지고 방향을 잡지 못하고 고군분투하는 그가 애처로워 보였고, 실제로 도와줄 수 없는 남북의 현실이 한탄스러웠다.

교육이 끝날 무렵, 서로 도와줄 수 있는 방법이 있는지 의견을 나누었다. 서로 자료를 교환하자, 판문점에서 이번에 배운 내용을 공동 발표하자는 등 현실성이 없다는 것을 서로 잘 아는 우리는 이야기만 하다가 헤어지게 되었다. 서로 모르고 지내는 것이 더 좋다는 그의 결론에, 인연이 있으면 다시 만나자고 답하고 아쉽게 3주간의 만남을 정리하였다.

2005년 이명철 선생님의 주선으로 평양을 방문할 기회가 있었다. 평양적십자병원을 도와주는 프로젝트이지만 20년 만에 평양의대의 K교수도 만날 수 있지 않을까 하는 기대가 컸다. 3박 4일의 체류기간 중에 K교수를 만나게 해달라고 안내원에게 부탁하였다(안내원은 정치국 소속으로 이런 일을 도와줄 수 있었다). 안내원 말이, K교수는 결핵성척추염으로 거동이 불편하지만 근무는 하고 있다고. 그러나 결국은 만나지 못했다. 마지막 날, 만나지 못해 섭섭해하는 나에게 적십자병원 직원이 속내를 말하였다. 우선 적십자병원을 도와주고 다음에 평양의대를 도와주라고. 혹시 지원을 빼

앗길까 염려하였나?

  2009년 11월 인도네시아에서 열린 아시아지역 핵의학협력회의에서 북한 대표단을 만났다. 평양의대 K교수의 제자라는 사람이 있어 그의 안부를 물었더니 작년에 뇌졸중으로 돌아가셨단다.
  의업을 이어받았다는 K교수의 따님께 조의를 꼭 전해달라고 부탁하고, 나는 열대의 밤거리를 한동안 홀로 서성거렸다.

아시아에 핵의학의 미래를 심다

2001년에 창립된 아시아지역 핵의학협력기구인 ARCCNM(Asian Regional Cooperative Council of Nuclear Medicine)은 지난 10년 동안 아시아지역 핵의학 발전의 원동력이 되어 오고 있다. 국제 핵의학 사회는 ARCCNM을 가장 성공적인 단체로 인정하고 있다. ARCCNM은 순전히 우리나라의 주도로 설립되어 지금까지 우리의 노력으로 유지되고 있다. 후학들에게 정확한 정보를 주고, 글로벌 리더십을 어떻게 발휘하는지를 알려주려는 마음에서 이 글을 쓴다.

최근 20여 년 동안 아시아지역에서 핵의학은 사실상 쇠퇴해가고 있었다. 핵의학 시설을 설치한 병원 수는 정체 또는 감소하는 추세를 보이고 있었고 SPECT, PET 같은 새로운 장비의 이용은 생각도 하지 못하는 실정이었다. 이런 경향은 아시아지역 중에서도 후진국인 필리핀, 베트남, 인도네시아, 스리랑카, 방글라데시, 파키스탄 등에서 뚜렷했다. 혹자는 이런 원인이 경제적인 이유라고 생각할 것이다. 핵의학 장비는 고가이고 비싼 방사성의약품, 방사성 핵종을 계속 공급받아야 하기 때문이다. 그러나 단순히 경제적인 어려움만으로 핵의학의 정체를 설명할 수는 없다. 아시아 국가와 동유럽 국가를 비교해 보면 알 수 있다. 비슷한 경제 수준을 가진 두 지역의 핵의학 활동을 비교해 보면 아시아 국가가 현저하게 뒤지는 현상을 보인다.

여러 원인이 아시아 지역의 핵의학을 상대적으로 뒤떨어지게 만들고 있다. 우선 핵의학 전문가가 부족한 점을 들 수 있다. 또 핵의학 장비와 시약도 부족하고, 핵의학에 대한 교육과 인식도 낮다. 이런 여러 요인이 맞물려 악순환을 형성하고 있는 것이다. 즉 핵의학 전문가가 없으니 교육과 인지도가 낮아지고, 이에 따라 필요성을 덜 느끼니 장비와 시약의 구매가 없어지고, 따라서 임상이용이 저조하니 새로 입문하는 사람이 적어져 전문가가 더욱 부족해지고. 다시 이것이 악순환을 유발한다.

이 악순환의 고리를 어떻게 끊을 수 있을까? 우리는 전문가뿐 아니라 의료계와 일반인을 대상으로 핵의학에 관한 교육과 인지도 향상으로 가능하다고 본다. 핵의학의 최신 발전과 임상 이용에 관한 정보와 지식을 갖게 되면 필요성을 느껴 자연히 투자가 뒤따르고, 전공하는 인력도 증가하게 된다. 이것이 선순환을 유발해 핵의학 연구와 이용이 급증하게 된다. 우리나라가 좋은 예로, PET의 경우 최근 수년간 매년 30~50퍼센트의 성장률을 보이고 있다.

이명철 선생님은 이런 사정을 간파하셨다. 2000년에 세계핵의학회 차기 회장으로 선출된 선생님은 회장이 되는 2002년부터 시작할 국제협력사업의 전 단계로 아시아지역의 핵의학을 진흥

시킬 단체를 구상하고 있었다. 2000년 이스탄불에서 열린 아시아대양주학회에서 아시아 몇 개국의 대표와 의논하여 동의를 얻어냈다. 2001년 초 홍콩에서 중국의 리우(당시 아시아대양주학회 회장), 일본의 스즈키, 홍콩의 통, 인도네시아의 마슈르, 싱가포르의 선드럼, 방글라데시의 카림, 그리고 한국의 이명철 교수님과 내가 모여 후진국의 핵의학을 진흥시키기 위해 ARCCNM을 창립하고 집행위원이 되었다.

창립 당시에 한국, 일본, 중국, 타이완, 홍콩, 몽골, 필리핀, 베트남, 미얀마, 타이, 인도네시아, 말레이시아, 싱가포르, 스리랑카, 인도, 방글라데시, 파키스탄 등 17개국이 참여하였고 후에 네팔과 북한이 가입했다. 초대 회장에는 이명철 교수님이 선출되었고, 2003년부터는 내가 회장을 맡다가 2010년 12월에 전남대학교 범희승 교수가 3대 회장이 되었다.

주요 행사로는 연례 학술대회와 조직위원회 활동이 있다. 후진국에서 국내학술대회를 할 때 우리가 강사와 참석자를 초청하여 그곳에서 ARCCNM 연례 모임을 같이 가지면 일종의 국제학회를 개최하는 모양이 된다. 이 기회에 그 나라 핵의학 관계자를 교육시키고, 다른 의료계나 관련 분야에 핵의학의 유용성을 홍보하는 것이다. ARCCNM 회원국에서 핵의학 관련 국제학술대회가 있으면, 이를 돕기 위해 연례 모임을 같이 하기도 한다.

교육 활동이 가장 중요하다는 공감대가 이루어져 2003년에 산하에 아시아핵의학학교인 ASNM(Asian School of Nuclear Medicine)을 설립하였다. ASNM의 초대 학장에는 싱가포르의 선드럼이 임명

되었고, 2대 학장에는 일본의 타나다, 3대 학장에는 필리핀의 산 루이스가 임명되었다. 특히 현 학장인 산 루이스는 ASNM을 활성화하는 데 크게 기여하고 있다.

현재 국제사회는 모든 나라가 여러 면에서 서로 밀접하게 맞물려 있다. 아시아 후진국에서 핵의학이 무너지면 반드시 여러 나라에 파생 효과가 나타나고 결국은 우리에게도 나쁜 영향을 끼친다. 반대의 경우도 마찬가지이다. 어떤 아시아 국가에서 핵의학이 활발해지면 다른 나라에도 좋은 영향을 미친다. 과거에 일본의 PET 이용이 우리에게 PET 시작의 단초를 제공했고, 현재는 우리나라의 PET 활성이 일본에게 자극을 주고 있다.

우리의 노력과 리더십으로 ARCCNM은 완전히 자리를 잡았다. 연례 학술대회를 유치하려고 회원국 간에 경쟁을 하고, 후진국 국내학회와 합쳐 개최되는 연례 학술대회는 매번 성황을 이루고 있다. 10년이 지난 지금, 그 효과가 나타나기 시작하고 있다. PET의 경우 처음에는 후진국에서는 꿈도 꾸지 못했지만 지금은 서로 설치 경쟁을 벌이고 있다. 현재 PET는 필리핀에 1대, 베트남에 2대, 타이에 5대, 말레이시아에 3대, 싱가포르에 5대, 방글라데시에 2대 등이 설치되어 거의 모든 국가에서 일상 진료에 이용하고 있다.

무엇보다도 반가운 점은 아시아 핵의학 관계자들이 가지게 된 자신감과 협력이다. 이제 더 이상 외톨이 전문가가 아니라 이웃 나라에 같은 일을 하고, 비슷한 고민과 새로운 정보를 공유하는 동료가 생긴 것이다. 이에 덧붙여 조직적으로 협조하는 시스템이 작동하게 되었고, 교육을 담당하는 단체도 있어 도움을 받을 수 있다. 가장 중요한 것은 회원들 간의 활발한 교류와 소통이다. 이를 통해 핵의학에 대한 도전을 물리치고 도약하는 지혜를 나누고 있다.

 이 모든 일을 한국이 주도하고 있는 것이다. 이명철 선생님이 기획하고 이끈 결과이다. 내가 이 단체에 어느 정도 기여할 수 있어서 행복했다. 범희승 선생이 전해 주었다. 아시아 사람들이 나를 '핵의학을 쉽게 가르쳐 주는 한국 선생님'으로 부른다고.

방글라데시의 카림 박사

오스트리아 비엔나에 국제원자력기구인 IAEA의 본부가 있다. 핵무기 사찰과 원자력발전소의 핵폐기물 관리가 주요 사업이지만, 원자력의 평화적 이용의 일환으로 인류 보건에 이용을 증진시키는 보건국Human Health Division에서 핵의학 분야를 담당하고 있다. 주로 후진국을 도와주는 업무로 교육과 훈련, 기자재 공급, 다국가 공동 연구 등을 지역별로 수행하고 있다. 이러한 사업은 목마른 후진국 핵의학에 큰 도움이 되어 왔다.

우리나라도 1950년대 말부터 이 사업에 관여하여 많은 혜택을 받아 오고 있다. 은사이신 고창순 교수님도 1960년에 IAEA 이동실험실Mobile Laboratory에서 처음으로 핵의학 기초내용을 교육받으셨다. 나도 대학에 발령받은 다음해인 1986년부터 고창순 선생님을 도와 IAEA 사업(방사면역측정법의 정도관리, 핵의학 기사 원격교육)에 관련하여 여러 훈련 과정과 회의에 참석하기 시작하였다.

후진국에서 이런 국제 활동에 참여하는 것은 일종의 특권이었다. 해외여행을 하기가 어려운 상황에서 국제기구의 도움으로

회의에 참석하고 최신 지식을 습득할 수 있기 때문이다. 그래서 어떤 나라에서는 전문 분야나 교육훈련 과정의 내용과는 상관없이, 정치적 힘이 있어 모든 회의에 해외여행차 참석하는 사람들이 있다. 우리는 이들을 'IAEA 맨'이라고 불렀는데, IAEA 본부에서도 이들을 골칫거리로 여겼다.

내가 방글라데시의 카림 박사를 만난 것도 IAEA 회의에서였다. 내가 보기엔 그도 방글라데시의 IAEA 맨이었다. IAEA 회의에서 20년 전에 처음 만난 이후로 많은 모임에서 자주 마주쳤다. 나보다 일곱 살이나 많고, 방글라데시라는 최빈국 대표라 처음에는 그리 호감이 가지 않았다. 또 IAEA 교육이나 훈련 내용을 본국의 핵의학계에 전파하는 것 같지도 않았다.

그러나 자주 만나면서 점차 친해졌다. 사람이 좋고 술을 즐기기 때문이었다. 아시아의 많은 대표들은 독실한 회교도로 모임에서 술을 마시지 않았다. 그 역시 회교국가인 방글라데시 대표이지만 술을 아주 좋아하여 외국에 있을 때 즐겨 마신다고 했다. 우리는 자주 만나 술을 마시면서 이런저런 이야기를 나누었고, 급기야 IAEA 사업에서 가까운 친구 사이가 되었다.

그는 방글라데시 국립 핵의학연구소Institute of Nuclear Medicine의 소장으로, 젊어서 미국 MD 앤더슨 암센터에서도 공부했다고 들었다. 스리랑카, 파키스탄, 인도네시아 등 형편이 비슷한 나라를 방문한 경험이 있어 이러한 특권층을 잘 알고 있다. 이런 사람들은 후진국에서 상류계층으로 태어나, 선진국에서 교육을 받고 본인의 능력이나 노력에 관계없이 특혜로 권력과 부를 독점한다.

어렵게 생활하는 일반 대중과 분리되어 대접을 받으면서 자기 생활을 즐긴다. 자녀들은 대개 선진국에 자리를 잡고. 나는 카림도 이런 부류의 사람이라고 생각했다.

카림 박사는 텔레비전 드라마에도 출연했다고 한다. 그 드라마가 한때는 방글라데시에서 인기리에 방영되었다고. 그가 맡은 역이 주인공의 아버지인데 술만 먹고 가정을 버리는 악역이라서 길거리를 걸어가면 어린아이들이 욕을 하며 따라다녔다는 에피소드를 자랑삼아 이야기하곤 했다. 다방면에 재주가 많은 사람이었다.

1995년 베이징 회의에서 만났을 때였다. 베이징에 처음 와 본 우리는 일과 후 둘이서 유명한 베이징경극단의 공연을 보았다. 제목은 '백사전白蛇傳'으로 극중에 애인을 찾아 헤매는 장면이 있었는데, 애절한 음악을 배경으로 배우가 아주 인상적인 연기를 선보였다. 경극을 관람한 후 맥주를 마시면서 카림이 자신의 인생 역경에 대해 이야기하기 시작하였다. 어려서 결혼하여 아들을 하나 두었는데, 미국에서 공부할 때 오랫동안 가족과 떨어져 있던 것이 원인이 되어 부인과 이혼을 했단다. 그 후 의사에다가 젊은 지금의 부인과 결혼하여 네 명의 자녀를 낳고 행복하게 살고 있으나, 전처와의 사이에서 얻은 아들 때문에 항상 마음이 아프다고. 오늘 경극을 보니, 아들이 자기를 애타게 찾는 생각이 나서 눈물을 흘렸노라고 했다. 그날 밤은 우리 두 사람은 취하도록 마셨다.

2003년에 방글라데시에서 핵의학회 학술대회와 ARCCNM의

제2차 연례 대회를 같이 열게 되었다. 카림 박사가 절실히 원했기 때문이었다. 방글라데시의 수도인 다카에서 열린 학술대회에 가보니 준비를 어마어마하게 해 놓았다. 국내 참석자가 2백 명이 넘었고, 개회식에 장관 두 명이 참석하는 등 많은 노력을 기울인 흔적이 엿보였다. 학회장 입구 도로 양쪽에 핵의학을 선전하는 멋있는 현수막이 걸려 있고, 학회장 안에는 벽걸이로 핵의학의 중요성을 알리는 다양한 문구와 구호로 가득 차 있었다. 학술대회의 내용도 알찼고, 방글라데시 원자력 관계자와 면담하는 등 성과도 컸다. 이 대회가 ARCCNM의 연례 대회로는 가장 성대하고 성공적이었다.

그 후 내가 ARCCNM의 회장을 맡았을 때도 방글라데시가 가장 적극적으로 참여하고 교육훈련 과정도 열심이었다. 비록 나라는 가난하고 힘이 없지만, 지적 수준이 높고 의욕이 있는 그들을 점차 다시 보게 되었다. 그 배후에는 방글라데시 핵의학의 대부인 카림 박사가 있었다. 부지런한 그는 열성적으로 하나하나를 직접 챙기고, 관련 학계나 정부 인사들과 친밀한 관계를 유지하고 있었다.

2010년 12월에 다시 다카에서 제9차 ARCCNM 연례 대회가 열려 다녀왔다. 7년 사이에 방글라데시와 그 나라의 핵의학 분야는 괄목할 만한 성장을 보였다. 사립병원에 PET과 사이클론 센터가 생기고, 또 하나가 2011년 전반부 국립병원에 설치되었다. 생각해 보시라. 세계에서 가장 가난하다는 국가에 PET 센터가 두 군데나 있다는 사실을. 방글라데시 핵의학회는 인적, 물적 자원이 부족한 환경에서 훌륭하게 성장하고 있었다.

　물론 여러 사람의 노력이 있었겠지만, 누구보다도 카림 박사의 공이라고 나는 생각한다. 아니, 나뿐만 아니라 이 나라 핵의학 인사가 모두 인정하는 사실이다. 이번 학술대회 기간이 마침 방글라데시가 1971년 파키스탄과 독립전쟁을 하여 승리한 승전기념휴일이었다. 3백만 명에 이르는 전쟁에 희생된 이들을 기리기 위해 외국 사람이 묵는 일급 호텔에서도 술을 팔지 않았다. 우리는 이명철 선생님과 함께 그가 준비한 위스키를 호텔방에서 마셨다. 나는 카림 박사에게 방글라데시 핵의학의 성과를 치하하고, 술을 권하면서 말했다. "이제부터 친구로 생각하지 않고 형님으로 대접하겠다."라고.

기다려지는 크리스마스카드

요즘 사람들은 크리스마스카드를 손으로 써서 부치기보다는 e-카드로 대신한다. 그나마 개인별로 달리해 보내는 것은 성의 있는 경우이고, 같은 내용의 e-카드를 친지와 선후배에게 동시에 보내기도 한다. 아주 편리하고 효과적이기는 하지만, 받는 사람의 안녕과 행복을 빌기에는 정성이 부족한 느낌이다. 몇 년 전만 해도 손으로 직접 쓴 카드를 우편으로 주고받았다. 나도 한창 때는 국내외로 수백 장을 보내고, 또 수백 장을 받았다.

내가 크리스마스 때마다 기다리는 카드가 있다. 국제원자력기구IAEA의 교육과정에서 알게 된 타이의 P부인의 카드이다. 그녀는 항상 아름다운 그림이 있는 커다란 크리스마스카드에 기품 있는 영어 필기체로 자신의 근황과 내 안부를 가득 적어 보내곤 했다.

1987년 초 인도네시아 자카르타에서 3주에 걸쳐 국제원자력기구 교육과정이 있었다. 컴퓨터 프로그램을 이용하여 방사면역측정법의 정도 관리를 자동화하는 첨단 사업으로, 아시아 각국에서 방사면역측정법을 선도하는 중견 전문가를 먼저 교육시켜 본국에 돌아가 보급케 하려는 계획이었다. 한국 대표로는 나 혼자 참석했고, P부인과 B양은 타이 대표였다. 20여 명의 참석자가 3주 동안 같이 지내다 보니 점차 가까워졌다. 나는 교육이 없는 주말에 발리 섬 여행을 계획했는데, 타이 대표가 합류하게 되었다. 금요일 저녁 비행기로 자카르타를 떠나 발리 섬에 가서 이틀 밤을 보내고 일요일 밤에 되돌아오는 여정이었다.

발리 섬은 영화 〈남태평양〉의 무대였던 세계적 관광지로, 어려서 이 영화를 볼 때는 나와는 상관없는 별천지로 생각했는데, 이곳에 오게 된 것이다! 힌두교나 불교를 믿던 인도네시아는 나중에 이슬람 국가가 되었지만, 발리 섬에는 힌두교가 그대로 남아 있었다. 마을과 집집마다 힌두교 특유의 화려한 색깔의 깃발과 다양한 볏짚 장식으로 꾸며져 있었고, 각각 특색 있는 힌두교 사원, 화산섬 특유의 경관, 높은 산과 산 위의 호수, 깨끗한 바닷가 백사장 등 자연풍광이 '남태평양의 파라다이스'라는 명성에 걸맞았다.

그때에는 관광객이 적어서 힌두교 사원과 관광지를 우리 셋이서 호젓하게 구경할 수 있었다. 또 이곳 베링거인겔하임 제약사의 독일인 지사장이 한국에 근무한 적이 있던 터라, 발리 직원이 자동차로 편리하게 관광 가이드를 해 주도록 배려해 주었다. 우리는 높은 낀다마니 신 정상의 안개 낀 호수에서 보트를 타기도 했고 브라딴 호숫가에 있는 울룬다누 사원, 젊음의 샘이 있는 유적지, 절벽이 아름다운 울루와투 사원 등을 둘러보고, 발리 섬 전설의 바롱 무용극을 보는 등 유람遊覽을 만끽하였다.

휴가철이 지난 발리 섬은 한적했다. 보름달이 훤하고 사람이 없어 적적하기까지 한 모래사장을, 나는 노래를 부르며 혼자 걸었다. 밤하늘을 보며 떨어져 있는 가족을 생각하면서 옛 노래 가사에 나오는 남십자성을 찾아보았다. 아름다운 경치를 보면 왜 가족 생각이 나는 건지.

우리는 그 여행을 통해서 아주 친해졌다. 두 사람 모두 중국계 타이 사람으로 남방계 인종인 다른 나라 참석자와 얼굴색이나 체격이 달랐다. 인종 분류상 서로 가까운 우리는 저녁에 같이 식사도 하고 여러 이야기도 나누었다. P부인은 유머러스하고 재치가 있었다. 예를 들면, 남자 참석자 중에서 내가 제일 얼굴이 하얗다, 나는 매일 같은 양복을 입고 있으나 자기 둘은 서로 옷을 바꾸어 입어 매일 분위기를 다르게 한다는 등.

자연히 개인적인 이야기도 나왔다. 둘 다 이학박사PhD로 병원 핵의학과 실험실에 책임자로 근무하고 있었다. 치앙마이에서 온 늘씬한 B양은 서른 살로 결혼을 앞두고 있었고, 방콕에서 온 P부인은 나이 차이가 많이 나는 남자와 결혼하여 중학생 아들이 하나 있단다. 나이를 말하지는 않으나 나보다 몇 살은 많아 보였다.

교육을 마치고 헤어진 후에도 P부인과는 가끔 연락이 되었다. 그녀는 크리스마스카드도 매년 보내고, 내 생일에는 카드를 보내오곤 했다(자카르타 교육 일정 중 내 생일 파티를 했는데, 그녀는 그 날짜를 기억하고 있었다!). 다른 국제원자력기구 회의에 참석한 한국 대표 편에 내 선물을 챙겨 보내기도 하는 등 나는 주로 받는 편이었다.

한번은 파키스탄에서 돌아오는 길에 방콕에서 비행기를 바꿔 타야 했다. 방콕 체류 시간도 넉넉했기에 공항에서 만나 오랜만에 저녁식사를 같이 하기로 약속하였다. 그런데 비행기가 기기 고장으로 4시간 연착을 하는 바람에 밤늦게야 방콕에 도착하고 말았다. 나는 비행기에서 저녁식사를 했지만 P부인은 저녁도 먹지 못한 채로 기다렸고, 잠깐 얼굴만 보고 나는 다시 서울행 비행기에 올라야 했다. 너무나 미안했으나 그녀는 전혀 개의치 않았고 즐겁게 얘기하다가 헤어질 때는 타이 식으로 두 손 모아 합장을 했다.

2005년 내가 회장으로 있던 ARCCNM의 연례 모임을 방콕에서 가졌다. 저녁 파티에 그들이 찾아왔다. B양은 결혼하여 고등학생인 아이가 둘이고, P부인은 30대의 아들을 두고 있었다. 우리는 자카르타에서의 교육과 발리 여행 등 19년이 지난 추억을 즐겁게 회상하며 시간을 보냈다. 또 수술 후의 내 건강을 진심으로 염려해 주었다. 우리들 셋의 처음이자 마지막 재회였다.

2008년 봄 P부인의 아들로부터 이메일이 왔다. 어머니가 유방암이 진행된 상태에서 발견되어 항암 치료를 하고 있다는 내용이었다. 곧이어 그녀가 PET 영상을 보내왔다. 내가 이 분야의 전문가이니 의견을 달라는 부탁이었다. 암 전이는 있으나 다행히 치료 후 좋아진 상태여서 격려하면서 영양식과 운동을 권해 주었다.

크리스마스카드를 보내고는 소식이 없더니 2010년 초에 다시 연락이 왔다. 폐에 결절이 나타나 검사해 보니 폐암이라 하여 우리 병원에서 PET 검사를 받고 내 의견을 듣고 싶다는 이야기였다. 3월 초 야윈 모습의 그녀가 건장한 아들을 동반하고 서울에 왔다. 가져온 조직검사 자료에서 새로 생긴 폐암을 확인할 수 있었고, 우리 병원에서 촬영한 PET에서는 암이 다른 장기로 퍼진 소견이 보였다.

PET 촬영 후, 할 말이 궁한 나는 아직도 희망이 보인다며 음식과 운동을 다시 강조하였다. 그녀는 내 태도에 개의치 않았다. 나를 다시 만난 것이 좋고, 핵의학의 권위자가 된 나에게 진료를 받게 되어 기쁘다는 등 다른 이야기만 했다. 아마도 병의 상태를 짐작하고 있는 것 같았고, 나를 만날 겸 서울에 온 것 같기도 했다. 폐암은 진행이 빠르고 예후가 좋지 않아 마음에 걸렸다.

다음 날은 토요일이라 이 모자母子와 함께 가볍게 서울시내 관광에 나섰다. 발리 여행을 회상하며 높은 곳에 가보고 싶어 해, 모처럼 남산 케이블카를 탔다. 생각해 보니 내가 마지막으로 케이블카를 타본 것이 초등학교 5학년 때였다. 47년 만에 다시 타볼 기회를 주어 고맙다고 그녀에게 농담을 하고 서로 웃었다. 남산을 내려오는데, 내가 좋아하는 튀밥강정을 가게에서 팔고 있어 한 봉지를 사서 같이 먹었다. 그녀는 기념이라면서 남은 봉지를 챙겼다.

바빠서 잊고 지냈는데, 크리스마스 때가 되니 그녀 생각이 난다. 타이로 돌아간 후 고맙다는 내용의 이메일을 보내오고 지금까지 연락이 없다. 성탄절 아침, 아직도 그녀의 크리스마스카드는 도착하지 않았다. 점점 불안해진다. 그러다가 이내 환한 그녀의 얼굴이 떠올라 나도 모르게 중얼거린다. "주여, 오늘이 당신이 태어나신 날입니다. 그녀를, 아니 우리 모두를 긍휼히 여기소서." 내가 지금 할 수 있는 일은 이것뿐이다.

나는 믿고 싶다. 때로는 우리의 진심어린 기도와 염원이 가장 큰 효험을 발휘한다는 것을.

사색하고
나누는 즐거움

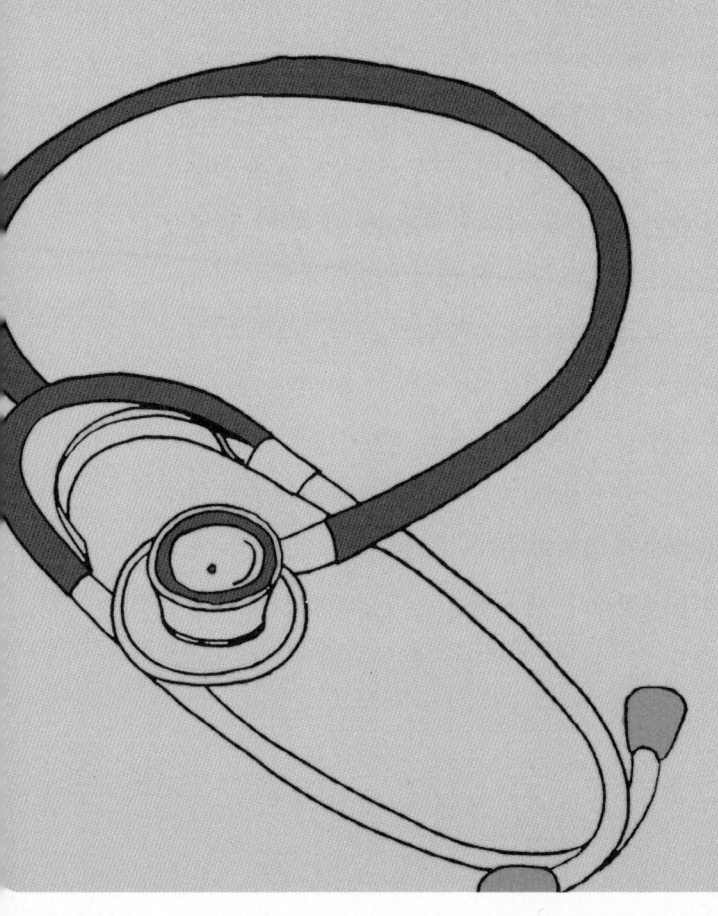

피드백의 효과

피드백feedback은 생물학에서 발견한 현상으로, 어떤 원인에 의해 나타난 결과가 다시 원인에 작용해 그 결과를 줄이거나 늘리는 조절 원리를 말한다. 피드백에는 음성 피드백과 양성 피드백이 있는데, 피드백이라고 하면 일반적으로 음성 피드백을 지칭한다. 음성 피드백은 생체 내에 어떤 물질이 많아지면 적게 만들고, 적어지면 많이 만들어 균형을 이루게 하는 것이다. 우리 몸은 항상성homeostasis을 유지하려는 성질이 있기 때문에 생체 내에서는 음성 피드백이 압도적으로 많이 일어난다.

음성 피드백의 원리는 다른 분야에서도 적극 활용되고 있다. 특히 제어공학에서 발전하여, 예를 들면 냉방기는 온도 감지 센서를 통해 실내온도가 설정온도보다 높으면 온도를 낮추기 위해 가동되고, 실내온도가 설정온도보다 낮아지면 자동으로 꺼져서 실내온도를 맞추는 것이다. 이 원리는 이미 공학의 모든 분야에서 사용되고 있고, 조직관리 같은 사회학 분야에서도 응용하고 있다.

세상살이에서도 음성 피드백의 효과를 살펴볼 수 있다. 인간은 신神이 아니기 때문에 잘못된 판단과 행동을 하기 마련이다. 이런 경우 대부분 타인의 지적으로 행동을 교정하게 되거나, 심한 경우 법적인 제재를 받기도 한다.

대인관계에서는 피드백 시스템의 센서 기능을 사람이 담당한다. 그런데 높은 지위에 있는 사람일 때 이 기능에 문제가 생긴다. 이들이 잘못된 생각이나 행동을 했을 때 이를 지적하는 인적 센서가 작동하지 않는 경우가 있기 때문이다. 아니, 작동을 하지 못하거나 '하려 하지 않는' 것이다. 아랫사람이 피드백을 주지 못하거나 주려 하지 않을 때 윗사람은 스스로 잘못을 인식하지 못하니 쉽게 교정되지 않는다. 이런 예는 독재자뿐 아니라 고위 공직자, 기업의 회장, 대학 교수 등에서 찾아볼 수 있다.

우리 대학에 학문적인 업적도 많고 매사에 철두철미한 A교수가 있었다. 그런데 이분은 술을 마시면 소위 '주사酒邪'가 심하여 나중에는 폭력을 행사하기도 했다. 그러나 아무도 A교수에게 피드백을 주지 않았다. 개인적으로 말을 건네기 어려운 성격이었고, 또 평소에는 워낙 깔끔해서 이런 이야기를 꺼내기가 어려웠을 것이다. 아마도 본인은 남자답게 술을 마셨다고 생각했는지도 모르겠다. 심한 주사는 실제로 큰 문제가 아니었으나, 이분에게 다른 불상사가 생겼다. 여제자와 치정관계로 발전한 것이다. 자기 관리가 철저했던 터라서 상상도 하지 못한 일이었다.

나는 그동안 A교수에게 적절한 피드백이 없었던 것이 중요한 원인이라고 생각한다. 피드백에 의한 교정 없이, 자발적으로 올바르게 살기란 어렵다. 인간은 원래 자기중심적으로 생각하고 자기가 편한 방식으로 살아가기 때문이다. 이와 같이 피드백이 반드시 필요한데, 피드백이 이루어지기 위해서는 우선 인적 센서 시스템이 작동하도록 해야 한다. 가족, 선배와 후배, 동료, 스승과 제자가 평소에 자신의 생각과 행동의 잘못을 지적할 수 있는 관계를 형성해야 하는 것이다. 그렇게 하려면 그들의 말에 귀를 기울이고 소통을 원활하게 만들어야 한다.

피드백 없이도 자기 성찰을 통해 자신의 오류를 고칠 수도 있다. 그러나 이는 성인聖人에게서나 기대할 법한 것이지, 우리 같은 평범한 사람에게는 어려운 일이다. 따라서 자기 자신에게 피드백이 작동하고 있는지 항상 주의를 기울여 살펴봐야 한다. 특히 높은 지위에 있는 사람은.

또 다른 종류로 양성 피드백이 있다. 생체 내에서 어떤 반응이 계속해서 스스로 생산을 촉진하는 양성 피드백은 비교적 드물게 일어난다. 예를 들어, 산모의 몸에서 자궁수축호르몬(옥시토신)이 한번 나오면 계속해서 분비가 촉진되어 아기를 출산하게 하거나, 아기가 모유를 먹으면 젖분비호르몬(프로락틴)이 더 많이 나와서 젖의 양이 늘어나는 것이 우리 몸의 대표적인 양성 피드백이다.

인간 사회에서 나타나는 음성 피드백은 사회의 균형을 이루는 데 기여하지만, 양성 피드백이 작동하면 때때로 갈등을 유발한다. 양성 피드백은 많으면 더 많게, 적으면 더 적게 만들기 때문에 빈부의 격차가 커지고 권력을 가진 자에 권력이 더 집중된다.

이러한 사회적 양성 피드백은 경계의 대상으로, 지나치면 교정을 해야 한다.

그러나 양성 피드백이 아주 유용한 경우가 있다. 직장에서 일을 하거나 학교에서 공부를 할 때가 그렇다. 일이나 공부에 재미를 느끼면 성과가 생기고, 성과가 생기면 신이 나서 더욱 열심히 하게 되어 더 많은 성과를 가져오는 것이다. 밤을 새우거나 밥을 거르면서 일을 해도 피곤하거나 배고픈 줄도 모르게 된다. 소위 '신바람'이 나는 것이다. 따라서 양성 피드백이 작동하여 신바람이 나면 예상을 훨씬 뛰어넘는 결과가 나타난다. 우리는 1988년 서울 올림픽과 2002년 월드컵 때 이런 경험을 해 보았다.

공자는 "학문을 알기만 하는 사람은 좋아하는 사람만 못하고, 학문을 좋아하는 사람은 즐기는 사람보다 못하다知之者 不如好知者, 好知者 不如樂知者"라고 하였다. 머리가 똑똑하여 지식이 많은 사람보다 열심히 공부하는 사람이 낫고, 열심히 하는 사람보다 공부가 즐거운 사람이 낫다는 뜻이다. 배우는 것이 즐거우니 학문이 얼마나 빨리 늘겠는가.

자기 분야에서 일가一家를 이룬 사람들도 한결같이 양성 피드백에 대해 이야기한다. '야구의 신神'으로 불리는 김성근 감독은 "야구는 간단해 보이지만 내면으로 들어가면 무궁무진한 매력이 있다. 언제, 어디를 가나 머릿속엔 야구 생각뿐이다. 인생에서 가장 행복한 사람은 어느 하나에 미친 사람이다. 그런 점에서 난 무척 행복한 사람"이라고 말했다. 현대그룹의 창업자인 고故 정주영 회장은 "매일 아침에 일어나서 그날 할 일을 생각하면, 기대가 되어 가슴이 두근거린다."라고 했다. 두 사람 모두 열심히 하여 생긴 일의 보람에 도취되어, 전력을 다하여 야구나 사업에 몰두한 것이다.

그렇다면 어떻게 양성 피드백의 단계에 도달할 수 있는가 하는 문제가 남는다. 간 이식의 세계적인 대가인 이승규 교수는 "일의 재미는 주어지는 것이 아니라 찾아내는 것이다. 어떻게든 자신이 하고 있는 일을 재미있게 하는 방법을 만들어 내야 한다."라고 말했다. 그렇다, 재미를 찾으려면 처음에 힘든 것을 참고 꾸준하고 열심히 해야 한다. 무슨 일에서나 전력을 다하면 재미를 느낄 수 있고, 그렇게 일한 보람은 천천히 나타나기 때문이다. 이 단계가 되면 양성 피드백으로 넘어간다.

세상에서 가치 있는 모든 일은 처음에는 땀과 고통을 요구하나 나중에는 보람과 즐거움을 선사한다는 사실을 기억하자. 지금 하고 있는 일이 어렵거나 힘들다면 그만큼 보람과 즐거움의 문 앞에 가까이 온 것이다.

성공하고 싶다면 간절히 원하라

사람은 누구나 인생에서 성공하기를 꿈꾼다. 사전에는 성공을 '목적한 바를 이룸'이라고 뜻풀이를 해놓고 있다. 사람마다 인생의 목적은 달라서 높은 지위, 명예, 돈, 권력, 학문, 예술 등 다양하지만, 성공이란 어떤 면에서 다른 사람과의 경쟁에서 이겨 우월해진 상태를 뜻한다.

나 역시도 성공하고 싶어 하는 평범한 사람이다. 대학 교수로 학생들을 가르치고 있으나, 학문적 업적으로 평가해 성공했다고 보기는 어렵다. 나이도 환갑에 가까워졌으니 이제 와서 다른 것으로 성공할 가능성은 거의 없다. 그래서 대학 사회나 다른 분야에서 성공한 사람들의 사례를 접할 때마다 어떤 조건이 그 사람을 성공하게 했을까 나름대로 분석해 보곤 했다.

타고난 능력, 노력, 운명, 외모, 이상, 성실, 의지, 주위 환경 등 인생살이에서 성공의 조건은 너무나 많다. 물론 성공의 성격에 따라서 조건도 달라진다. 일반적으로 이런 조건 중 무엇이 가장 중요하게 작용하여 성공으로 이끄는가? 이런 나의 질문에 학식이 높은 우리 대학의 K교수는, 인생을 전체적으로 보면 결국 성공이란 유전자와 운명에 의해 결정된다고 대답했다. 사람마다 선천적으로 타고난 능력이 다르고, 능력을 발휘하는 데에는 운이 많이 좌우한다는 것이다. 부분적으로 일리는 있지만, 나는 이 말에 동의하지 않는다.

나는 그 근거를 〈브로드캐스트 뉴스Broadcast News〉(1987)라는 영화 속에서 찾고자 한다. 이 영화에는 방송국에 근무하는 재능 있는 작가 겸 기자인 아론 알트만과 능력은 좀 떨어지지만 야심이 있고 노력형인 톰 그루닉이라는 두 주인공이 나온다. 이 둘은 뉴스의 앵커 자리와 제인 크래그라는 동료 여성을 놓고 경쟁한다. 기회는 먼저 아론에게 주어진다. 당직 중에 긴급 뉴스거리가 생긴 것이다. 머리는 우수하나 담력이 약한 그는 땀을 비 오듯 흘리며 긴급 방송을 잘해내지 못한다.

다음 기회는 톰에게 찾아온다. 한밤중에 중동에서 공군기 간에 전투가 벌어진 것이다. 긴급 뉴스의 아나운서로 지명되자 그는 책상 서랍을 연다. 거기에는 이런 경우를 위해 미리 준비해 둔 와이셔츠와 넥타이가 있었다. 그는 침착하고 대담하게 방송을 진행해, 예상을 뛰어넘는 성공을 거둔다. 제인은 이런 톰에게 점차 마음이 간다. 게다가 톰은 강간 피해자인 여성과의 인터뷰에서 피해자를 동정하는 눈물을 흘려 일약 스타가 된다. 그러나 이 눈물이 시청자를 의식한 연출이라는 것이 제인에게 발각되고, 그녀는 앵커가 되어 세속적 성공을 하는 톰 대신 아론을 선택한다.

내가 인상 깊게 보았던 것은 성공을 향한 톰의 의지였다. 그는 뉴스 앵커라는 목표를 설정하고, 자신의 능력이 부족하다는 사실을 인정하고 모든 노력을 다했다. 선천적인 능력도 중요하지만 목표를 달성하기 위해서는 이처럼 굳은 의지를 가지고 그 일에 열정적으로 몰입하는 것이 더 중요하다. 다만 톰이 그랬던 것처럼 눈앞의 성공을 쫓아서 편법을 사용하고 싶은 유혹은 늘 경계해야 한다.

박찬호와 이승엽 선수가 이적한 일본 프로야구팀 오릭스 버펄로스의 전설적인 감독인 고故 오기 아키라仰木彬에 대한 감동적인 기사를 본 적이 있다. 오릭스 홈구장에 시민들이 세운 '신한불란信汗不亂'이라는 비석이 있단다. '땀을 믿으면 흔들리지 않는다'는 뜻이다. 최하위였던 오릭스를 기적같이 저팬시리즈 우승으로 이끌었던 오기 감독이 결정적인 상황에서 즐겨 쓰던 말이라고 한다. 꾸준히 땀을 흘리면서 연습하면, 위기의 상황에서 스트레스를 견디고 평상심을 유지할 수 있는 능력이 생긴다는 것이다.

어느 분야에서든 성공하기 위해 가장 먼저 해야 할 일은 구체적인 목표를 세우는 것이다. 그리고 이를 위한 방법을 강구하여, 할 수 있다는 믿음을 가지고 최선을 다하는 것이다. "사람으로서 할 수 있는 일을 다 하고 나서 하늘의 뜻을 받아들인다盡人事待天命"라는 명언은 우리가 할 수 있는 노력을 다하면 하늘이 받아준다는 의미이다. 나는 성공을 향한 갈망은 의지력의 강하고 약함으로 나타나며, 이것이 결국 목표 달성 여부를 결정한다고 생각한다. 성경 말씀대로 진심으로 구하는 자가 얻는 것이다.

야구, 내 인생의 오아시스

초등학교 4학년이 된 1962년 무렵 아버지와 동대문야구장에 처음 갔었다. 우리나라 대표팀과 주한미군 공군팀의 경기가 열리고 있었고, 이 경기가 내가 처음으로 접한 야구 경기가 되었다. 야구의 규칙은 몰랐지만 멋진 유니폼을 입은 선수가 잔디가 깔린 넓은 운동장에서 방망이를 휘두르고, 뛰어가서 공을 잡고, 또 마술처럼 공을 떨어뜨리지 않고 주고받는 것을 보면서 야구에 완전히 매료되었다. 마치 절세의 미인을 만나 한눈에 반한 심정이랄까. 그날 경기장에서 아버지가 사주신 자장면의 기가 막힌 맛도 야구를 좋아하는 데 한몫을 했다.

스포츠는 자기가 응원하는 팀이 잘하면 쉽게 빠져들기 마련이다. 내 경우가 그랬다. 당시 아버지가 근무하던 한국운수라는 국영기업체는 실업야구의 정상에 있었다. 어린 마음에 한국운수 야구팀이 이기면 온 세상이 내 것인 양 좋아했다. 그때는 어른이 동반하는 어린이는 입장료가 무료여서, 야구장 입구에서 아이들이 입장객에게 자기와 같이 들어가 달라고 아우성이었다. 나는 우쭐해져 아버지와 같이 입장하곤 했다.

1965년 중앙중학교에 입학하니 마침 같은 고등학교에 이원국, 이광한, 이원호 같은 특출한 야구 선수가 있어 우리 학교는 그해 가을 황금사자기 전국고교야구대회에서 우승을 하였다. 다음 해, 투수인 이원국이 일본 프로팀에 스카우트되고, 전력이 약화되어 분투하는 안타까운 상황에서 나는 야구에 더욱 매료되었다. 대학생 시절에는 고교야구가 지금의 프로야구 못지않은 인기가 있었고, 마침 모교에 윤몽룡, 김승수 선수 같은 인재가 나타나 다시 한 번 나를 야구장에서 살게 하였다.

프로야구가 생기면서 야구는 우리 가족의 일상이 되었다. 결혼 전부터 나 때문에 야구장에 드나들던 집사람과, 어릴 때부터 함께 잠실야구장에 자주 가던 아이들 모두 야구광이 되었다. 서울에 연고지를 둔 LG 트윈스와 두산 베어스를 응원하는 우리 가족은 저녁이면 그날의 시합 성적부터 물어보고, 잠자리에 들기 전에는 야구 하이라이트 방송을 같이 보곤 한다.

나는 실제로 야구 선수가 되려고 한 적도 있다. 어릴 때 아버지와 캐치볼을 하다가 동네야구에서 포수를 하던 나는 야구 명문인 중앙중학교에 입학하자 선수가 되고 싶어 부모님을 졸랐다. 학교 성적이 오르면 허락해 주신다고 하여 열심히 공부해서 성적을 올렸으나, 빈약한 체구여서 스스로 포기하고 말았다. 대학생이 되자 의대 야구부에 들어가, 주로 후보 선수이긴 했지만 원하던 유니폼을 입어 볼 수 있었다.

군병원에 근무할 때가 내 야구 인생의 절정기였다. 때맞추어

1982년 우리나라에 프로야구가 시작되었기 때문이다. 국민의 불만과 관심을 스포츠로 돌리려는 군사정권의 흑심도 있었지만, 국민의 전폭적인 관심 속에 프로야구 경기가 펼쳐졌다. 시간 여유가 많은 우리 군의관들은 아침마다 모여 스포츠신문을 보면서 전날의 경기 내용을 복기復棋하고, 선수들의 개인 성적을 외우다시피 했다. 휴일이면 나는 텔레비전 두 대를 앞에 두고, 다른 야구 경기를 동시에 시청하곤 했다. 쉴 틈이 없어 화장실에 못가는 것은 즐거운 고충이었다.

드디어 그해 가을, OB 베어스와 삼성 라이온스 간에 7전 4승제로 프로야구 원년元年의 패권을 결정하는 한국시리즈가 열리게 되었다. 한국시리즈 기간 내내 나는 다른 일은 제쳐놓고 야구 경기에 몰두하고 있었다. 우리 중에 야구팀 이름과 연고지 이름이 헷갈린다고 투덜대던 K선생이 하루는 나한테 물었다. "요즘은 왜 OB와 삼성 두 팀만 야구를 하냐?"

야구는 내 인생에서 고향의 뒷동산과도 같다. 마음 깊은 곳에서 야구는 어릴 때의 아련한 추억과 뒤섞여 있다. 포수를 하던 어린 내 모습과 야구를 가르쳐 주시던 아버지, 같이 야구를 하던 동네 친구들, 중·고등학교 선수들, 응원하는 사람들, 서울대학교 의대 야구부원이 추억 속에 섞여 있다가 사진처럼 눈앞에 펼쳐지곤 한다.

내가 다니던 고등학교가 우승한 1965년 황금사자기, 1972년 청룡기 전국고교야구대회 결승전 내용은 기억이 생생하다. 텔레비전에서 때때로 재방송해 주는 명승부 장면은 볼 때마다 향수와 감동을 불러일으킨다.

몇몇 명장면들은 선명하게 뇌리에 박혀 있다. 결승전에서 삼진 아웃을 16개나 잡던 이원국 투수의 강속구, 경기 전 2루 베이스에서 홈으로 투구 연습을 하던 윤몽룡 선수의 예리한 스트라이크, 아시아선수권대회 결승 한일전에서 환호와 함께 담장을 넘어가던 김응룡 선수의 홈런, 세계야구선수권대회에서 일본과의 경기를 승리로 이끈 한대화 선수의 역전 홈런 등.

내가 선수로 출전한 경기에 대한 기억은 주로 잘한 순간만 남아 있다. 대학 시절 장충동 어린이야구장에서의 장내 홈런(지금 집사람이 된 당시의 여자 친구가 관람한 경기였다), 3루 주자를 홈에 들어오게 한 스퀴즈 번트, 포수 플라이로 아웃시키던 강타자의 높이 뜬 파울볼, 외야수 앞 안타의 짜릿한 손맛은 지금도 생생하다.

야구는 알면 알수록 재미가 무궁무진한 경기이다. 기본적인 규칙을 알면 바로 즐길 수 있지만, 전혀 예측하지 않은 묘한 상황이 생길 수 있고 그때마다 규칙을 알아 가는 것도 또 다른 재미이다. 양 팀 감독 간의 작전, 투수와 포수인 배터리와 타자의 머리 싸움도 복잡하지만 팽팽한 긴장감을 느낄 수 있는 흥미로운 부분이다. 요즈음은 텔레비전 방송에서 해설자가 자세하게 설명해 주니 시청자가 전문가 못지않다.

어찌 보면 야구는 우리 인생살이와 같다. 우선, 야구는 실수를 인정하는 기회의 경기이다. 세 번의 스트라이크로 아웃이 되고,

세 번 아웃이 되어야 한 회의 공격이 마무리되며, 9회 동안 공격과 수비를 해야 경기가 끝난다. 다시 말하면, 두 번의 스트라이크 볼은 못 쳐도 되고, 점수가 날 때까지 두 명은 죽어도 되며, 점수를 못 내도 아홉 번의 기회가 있는 것이다. 실수를 하더라도 다른 기회가 있고, 언제라도 기회만 살리면 점수를 낼 수 있으며, 이론적으로 어떤 불리한 상황에서도 득점이 가능하다! 이 얼마나 멋진 얘긴가.

'야구는 9회 말 2아웃부터 시작'이라는 말이 있다. 이론상 9회 말 두 명의 타자가 죽은 상황이라도 마지막 한 명의 타자가 아웃되기 전까지 무한정 점수가 날 수 있기 때문이다. 이런 일이 실제로 벌어지기도 한다. 사람에 비유하면 '인생역전'이 되는 것이다. 사실 현실세계에서 이러한 인생역전은 어렵기 때문에 야구의 역전 드라마에 더 열광하는지도 모르겠다.

경기의 각 상황도 인생살이와 비슷하여 좋은 교훈이 된다. 좋은 투수는 첫 공을 스트라이크로 던진다(시작을 잘하는 것이 중요하다), 타자는 노리는 공이 왔을 때 놓치지 말아야 한다(좋은 기회를 놓치지 않아야 성공한다), 파울 홈런을 치면 그 다음은 아웃당한다(과도한 욕심은 화를 부른다), 수비 실수가 많은 팀이 진다(사람이나 조직은 자기 스스로 무너지는 법이다) 등.

야구는 분위기의 경기이다. 경기의 흐름을 잘 타야 이긴다. 기회가 왔을 때 점수를 내야 하고, 그 기회를 놓치면 바로 위기가 온다. 안타를 하나도 못 치다가도 흐름을 타면 연달아 나오기도 하고, 두 개의 홈런이 연이어 나오는 '랑데부 홈런'도 곧잘 나온다. 수학적인 확률보다 실제로 훨씬 자주 나오는 이유가 바로 타자와 투수 간의 분위기 때문이다. 인간관계도 마찬가지이다. 분위기를 타면 초인간적인 힘이 생겨 평소에는 할 수 없었던 일을 하는 것이다.

야구는 아홉 명이 하는 단체경기로, 또 다른 인간 사회라고 할 수 있다. 각자 수비 위치가 다르고 타석에서도 기대되는 역할이 다르다. 투수와 포수의 관계는 말할 것도 없고 내야수와 외야수, 포수와 수비수, 투수와 수비수 간에 협력수비가 중요하다. 공격을 할 때도 감독의 지시에 따라 치고 달리기, 희생번트, 희생플라이 등 다양한 역할을 수행해야 한다. 더욱이 현대 야구는 후보 선수 간에도 역할분담이 뚜렷하다. 따라서 모든 선수 개개인의 수행 능력에 따라 승패가 결정된다. 단체경기이면서 각 순간에 개인의 역할이 중요한 개인경기인 셈이다.

올해도 준準플레이오프, 플레이오프, 한국시리즈인 가을 야구 시즌을 황홀하게 지냈다. 많은 날 저녁 약속을 잡지 않고서 경기 관람을 즐겼다. 또 다른 추억을 기억 속에 남기고 또 다른 인생 공부를 하면서. 내년 4월 초까지 야구가 없는 이 삭막하고 추운 겨울을 어떻게 견뎌야 할지.

자유에서의 도피

내 인생에 가장 큰 영향을 준 책을 꼽자면 정신분석학자이자 철학가인 에리히 프롬의 〈자유에서의 도피Escape from Freedom〉이다. 대학 신입생 시절에 읽은 이 책은 인생의 지표를 찾고 있던 나에게 방향을 제시해 주었다. 실존주의 철학과 더불어 내 자신의 인생관을 정립하는 데 큰 도움을 준 책이다.

에리히 프롬은 나치 정권의 독재정치 당시 그 중심부에 있었다. 히틀러는 독일 국민 대부분의 열렬한 지지 속에 오스트리아와 폴란드를 침략하고 아리아 민족 순수주의를 표방하며 수백만의 유태인을 학살한다. 유태인으로 조국을 버리고 미국으로 망명해야 했던 프롬은 이런 비이성적인 상황에서 왜 사람들이 비판 대신 환호하는지를 알고 싶었다. 이 책에서 프롬은 다음과 같이 분석한다.

인간의 심리 속에서 '안정'과 '자유'는 대립하는 개념인데, 중세시대의 종교적 속박에서 근대로 넘어오면서 인간은 자유를 획득하지만 고독, 무력감, 불안의 공포에 사로잡히게 된다. 특히 자본주의 사회로 넘어오면서 인간관계가 개인 위주로 변하고 기계적이 되어, 고독과 불안은 한층 심해졌다.

이를 벗어나기 위해 사람들은 '자유'를 포기하고 '안정'을 택한다. 독재정치, 광적인 신앙, 사디즘, 마조히즘 등이 흔히 찾는 도피처이다. 고립을 두려워해 자유라는 무거운 짐을 벗어 버리고 의존과 복종할 대상을 찾는 것이다. 인간은 이런 방법으로 자유에서 도피하여 안정을 찾지만, 자유를 가진 진정한 존재와 삶을 실현하지는 못한다.

프롬은 독재정권이나 전체주의 국가 이외에도 여러 집단에서 이러한 심리적 기전이 작동하는 것을 발견하였다. 마피아 같은 조직폭력단, 사이비 종교 등에서도 막강한 권위를 가진 극소수의 사람에게 의존하고 복종함으로써 안정감을 가지게 되는 것이다. 심리학에서는 이를 자아의 독립을 포기하고, 자아에 결여되어 있는 힘을 획득하기 위해 권위에 자신을 융화시키는 것으로 설명한다. 사디즘과 마조히즘도 마찬가지이다. 마조히스트masochist의 경우 의존성은 분명하나, 사디스트sadist의 경우는 정반대라고 생각하기 쉽다. 그러나 면밀히 분석해 보면 사디스트는 그가 지배할 인간을 필요로 하며 그 대상에 의존하는 것이다.

그렇다면 해결책은 무엇인가? 자유를 유지하면서 어떻게 안정을 찾을 수 있을까? 프롬은 먼저 인생의 의미는 삶 그 자체라는 인식을 가져야 한다고 말한다. 자기 스스로 창조적, 역동적으로 외부 세계를 포용하여 새로운 안정을 찾아야 한다. 다시 말하면,

생명과 진리를 기반으로 자아를 적극적, 자발적으로 실현해야 한다. 자아실현은 지적 통찰이라는 사고 행위나 감성적, 지적 능력의 적극적인 표현으로 성취할 수 있다. 예술가, 작가, 학자와 같이. 자유를 실현하기 위해서는 개인의 자유와 개성을 억압하지 않는 사회가 필요하다. 인간이 사회를 지배하고 경제기구를 인간 행복을 목적으로 개편해야 하는 것이다.

비유하자면, 사람은 천장에 한 줄로 매달려 있는 거미와도 같다. 바람에 흔들려 불안한 거미는 쉬운 방법을 택해 한쪽 벽에 달라붙을 수 있다. 이 경우 '안정'은 찾을 수 있지만 전처럼 '자유'롭게 움직이지 못하고 벽면만 기어 다닐 뿐이다. 바람직한 방법은 자기 스스로 사방의 벽으로 거미줄을 쏴서 안정된 상태를 만드는 것이다. 여기서 벽은 생명과 진리를 바탕으로 만든 벽이다. 그리고 참된 자유는 생명을 풍요롭게 하고 진리를 고양시키는 작업이다. 예술, 학문 같은 창조적 분야일 수도 있고 자식, 애인, 친구에게 느끼는 부성애, 애정, 우정일 수도 있다. 봉사, 신념, 진정한 신앙일 수도 있다.

예술가는 자유롭고 자발적으로 생각과 감정을 표현함으로써 자아를 실현하고, 자신을 외부세계에 새롭게 결부시킨다. 사람이 자발적으로 친구와 관계를 맺는 우정, 타인에 대한 봉사 등은 삶을 의미 있게 해 주고 고독에서 벗어나 안정감을 준다. 연결된 거미줄이 많을수록 고독과 불안에서 벗어날 가능성이 큰데, 이를 '적극적인 자유'라고 한다.

이런 관점에서 보면, 자살은 부자유스런 안정을 거부하고 주위 벽에 거미줄을 치려 했으나 실패한 거미(즉 인간)가 선택한 파멸적인 탈출구라고 할 수 있다. 자살이 급증하고 있는 요즘, '적극적인 자유'를 깨닫고 실현할 수 있는 지혜가 현대인에게 필요하다.

에리히 프롬과 아가씨

벌써 15년 전의 이야기이다. 단풍이 한창인 10월 말이었다. 전남대학교 의대 핵의학과 교수 자제의 결혼식이 광주에서 있었는데, 우리 과를 대표하여 내가 예식에 참석하게 되었다. 일요일 아침에 비행기 편으로 광주에 내려가 식에 참석하고, 점심 식사를 한 후 오후 비행기로 상경하는 조금은 단조로운 일정이었다.

혼자 오고 가는 여행이라 무료함을 달래기 위해 서가에서 책을 골랐다. 때가 가을인지라 사색을 할 수 있는 내용이 좋을 것 같았다. 젊은 시절에 읽던 에리히 프롬의 〈소유냐 존재냐To Have or To Be?〉가 눈에 띄었다. 1979년에 구입한 문고판으로 종이의 색은 바랬으나 또 그 나름 운치가 있어 보였다.

이 책은 프롬의 말기 작품으로 그의 사상적 결론과도 같다. 현대 자본주의의 모든 해악은 사회에 만연되어 있는 소유 양식, 즉 소유를 통해 자기 존재를 확인하는 삶의 방식에서 나온다는 것이다. 따라서 능동적인 자세로 남과 나누고 희생하여, 타인과 하나가 됨으로써 자신의 존재 가치를 확인하는 존재 양식이 자본주의

해악을 막는 유일한 해결책이라는 내용이다.

이야기를 되돌려, 광주행 비행기에 오르니 옆 자리에 얌전해 보이는 20대 아가씨가 앉아 있었다. 이 아가씨는 비행 내내 창밖만 내다보고 있었다. 어느덧 비행기가 광주공항에 착륙하여 터미널로 들어갈 때였다. 그녀가 나에게 말을 걸었다. "저, 전화번호 좀 적어 주세요." 잘못 들었다고 생각했는데, 그녀는 상의할 일이 있다면서 다시 번호를 달란다. 우울한 눈빛을 한 그녀의 간청에 더 이상 묻지 않고 연구실 전화번호를 적어 주었다.

공항에서 기다리던 전남대학교 조교수에게 이 내용을 말하니 "궁금하니 나중에 꼭 결말을 이야기 해 달라."고 청한다. 결혼식에 참석하고 귀경하면서 여러 가지 상상을 했다. 집에 와서 아내에게 말하니 아무에게나 전화번호를 적어 준다고 핀잔이다.

다음 날인 월요일에 전화가 왔다. 한번 만나서 상의했으면 좋겠단다. 그날 일과 후 시내 다방에서 만났다. 내가 "어떤 사람 같으냐"고 묻자, 그녀는 중학교 국어 선생님 아니냐고 단정적으로 말한다. 내가 읽고 있던 책을 보고 짐작했다는 것이다. 학교를 졸업한 후 서점에서 일할 때 자기도 읽어 본 책이고, 이런 책을 읽고 나 같은 용모를 가진 사람은 틀림없이 학교 선생님이란다. 그래서 믿고 이야기하고 싶어졌다는 것이다. 다음은 그녀의 사연이다.

"광주에서 고등학교를 졸업하고 직장 생활을 하다가 우연히 한 남자와 연애를 하게 되었습니다. 서로 사랑하게 되면서 집안에 결혼 이야기를 꺼냈으나 양가의 반대가 심했습니다. 반대하니 더 간절해지더군요. 그러나 부모님을 설득할 수는 없었어요.

우리 둘은 수면제 수십 알을 먹고 자살을 시도했습니다. 불행히도 나는 깨어나고 남자 친구는 저세상으로 갔습니다. 집안에서 난리가 난 거죠. 우리 아버지는 우선 세상의 이목을 피하면서 나를 진정시키려고, 깊은 절 안면 있는 스님에게 나를 맡겼습니다. 절에서 2년을 지냈는데 더 이상은 버틸 수 없어 아버지에게 연락을 했습니다. 아버지는 아무도 모르게 서울에 나를 취직시키고 혼자 지내게 했습니다. 현재 한 회사에서 전화교환수를 하고 있습니다. 남의 이야기만 듣고 있고, 직장이나 집에서 언제나 혼자 있습니다."

나는 이 이야기를 듣고, 그녀에게 말할 상대가 필요한 것이라고 생각했다. 그녀도 그저 이야기할 사람이 있었으면 좋겠다고 했다. 학생 시절 나는 심리학에 흥미가 많아서 한때는 신경정신과를 전공하려고도 했었고, 특유의 공감 정신이 발동하여 내 신분을 밝히고 도와주겠다고 했다.

그 후 그녀는 연구실로 종종 전화를 하였다. 어느 때는 침울하게, 어느 때는 밝게. 나는 환자를 치료하는 심정으로 그녀의 이야기를 들어주고 맞장구도 쳐 주었다. 그녀는 자살에 대하여 자주 말했는데, 나는 옳은 방법이 아니라고 말해 주고 신경정신과 진료도 권했다. 그러나 이야기 거리가 줄어들면서 전화 면담도 곧 끝나게 되었다.

시간이 흘러 그녀의 이야기를 다시 떠올리면서 도대체 우리 인생에서 남녀 간의 사랑은 어떤 의미를 가지고 있는 것인지를 생각해 보게 된다. 남녀 간의 진정한 사랑이란 서로를 소유하는 게 아니라, 기꺼이 자기 자신을 나누고 희생하는 것이다. 타인과 하나가 되어 자신의 존재 가치를 확인하는 존재 양식이 해결책이라는 에리히 프롬의 말대로, 앞으로 그녀의 인생으로 옛 애인의 삶을 확인하는 것이 진정한 사랑이 아닐까?

"죽은 애인을 위해서라도 당신은 잘 살아야 하고 행복해야 한다. 이것이 그 남자의 삶을 의미 있게 만들고 두 사람의 사랑을 완성하는 길이다."라고 조언을 해줘야 했는데…….

자유를 향한 머나먼 여정

2010년 9월 남아프리카공화국(남아공) 케이프타운에서 열린 제10차 세계핵의학회에 참가하였다. 약한 몸으로 먼 길을 다녀오는 여행을 집사람은 만류했지만, 4년 전 세계핵의학회의 사무총장을 맡았던 나는 참가할 의무가 있었다. 또 다른 이유는 잔혹한 인종차별정책이 벌어졌던 국가에서 흑인 대통령에게 정권을 평화롭게 이양한 역사적 쾌거를 이룬 그 현장을 직접 보고 싶었기 때문이었다.

정말 머나먼 여정이었다. 인천에서 여섯 시간 비행하여 싱가포르에서 비행기를 갈아타고 요하네스버그까지 열세 시간, 거기서 한 시간을 더 가야 케이프타운에 도착할 수 있었다. 마침 학회 기간과 추석 연휴가 겹쳐서, 먼 길을 간 김에 학회가 끝난 후 며칠 동안 관광을 하면서 남아공에 대해 알아 갈 수 있었.

남아공은 인구 5천만 명으로 우리나라와 비슷하지만, 면적은 열 배에 달한다. 넓은 땅에 농업과 목축업이 발달하고 지하자원도 많은 이곳에 15세기부터 포르투갈을 시작으로 네덜란드, 프랑스, 독일에서 많은 사람이 이주해 왔다. 특히 네덜란드인이 많아 그 후손을 '아프리카너Afrikaner'(또는 보아인)라고 부른다. 이들은 원주민인 부시맨들을 몰아내고 지중해성 기후의 살기 좋은 케이프타운에 정착하였다. 그러나 18세기에는 영국과의 전쟁에서 패하여 다시 이 지역의 주인은 앵글로색슨계가 되었다.

   살기 좋은 이곳에서 백인들은 그들만의 나라를 세우고, 지하자원을 개발하고 농토를 일구는 데 흑인을 동원했는데, 인력이 모자라자 인도와 말레이시아에서 노예에 가까운 조건으로 이민을 받아 충당하였다. 이들은 아파르트헤이트Apartheid로 불리는 철저한 민족분리정책을 시행하여 유색인을 혹독하게 탄압하였다. 더욱 강화된 민족분리정책으로 정치와 경제를 백인이 독점하고 유색인은 선거권도 없고 도시의 빈민층이 되어 '타운십Township'이라는 판자촌에 집단 거주하게 된다.

   그러나 이러한 상황이 영원할 수는 없는 법. 흑인과 인도인을 중심으로 저항운동이 일어나고 무자비한 탄압 속에서도 저항의 불꽃은 꺼지지 않고 타올랐다. 그러한 저항의 중심에 있던 사람이 넬슨 만델라였다. 변호사였던 그는 인종분리정책에 반대하여 1950년 초부터 감옥에 드나들다가 내란음모죄로 종신형을 선고받고 1962년부터 27년 동안 수감 생활을 했다. 한편 백인 정권의 만행과 그에 대한 저항운동이 국제 사회에 알려지면서 UN을 비롯한 전 세계적인 압력과 제재가 본격화되었고, 만델라는 세계 인권 운동의 상징이 되었다.

   감옥에서도 만델라는 백인 정권에 대화의 메시지를 줄기차게 보냈고, 마침내 정부와 단독으로 협상을 벌였지만 물론 쉽지는 않았다. 목표를 달성하기 위해서는 다소의 우회하는 것을 수용하는 융통성 있는 그의 태도에 점차 신뢰를 가지게 된 정부와 협상은 계속되었다. 그러나 남아공의 모든 사람은 인종에 관계없이 평등하다는 그의 신념은 분명했다.

 1990년 2월 드디어 석방된 만델라는 1993년 노벨상을 수상하고, 1994년 5월 유색인을 포함한 전 국민의 투표를 통해 초대 대통령으로 선출된다. 물론 이 과정이 평탄하지는 않았다. 양측의 무수한 반발과 테러로 많은 희생이 생겼으나 만델라는 원칙 수호와 융통성으로 마침내 합의를 이끌어낸다. 협상으로 이룬 기적 같은 혁명!

 대통령에 취임한 후 진실화해위원회를 만들어 민족분리정책 시대의 만행을 조사하여 규명하지만 처벌은 하지 않았다. 반인륜적인 범죄에 대해 용서와 자비를 베푼 역사상 보기 드문 사례이다. 그는 대통령 재임을 마다하고 은퇴하여 남아공의 국부이자 정신적 지주로 남게 된다. 지금은 빈곤 퇴치와 에이즈의 예방과 치료에 전념하고 있다. 본인은 원하지 않았지만, '이 시대의 마지막 성인聖人'으로 추앙받고 있다. 남아공에서 구입한 만델라에 대한 다섯 권의 책 속에 있는 내용을 통해 그의 모습에 대해 더 알아갈 수 있었다.

 백인의 탄압 속에서 만델라가 보인 용기에 모두들 동의한다. 그는 말했다. "용기란 두려움이 없는 것이 아니다. 선천적으로 용기를 가지고 태어난 사람은 없다. 우리가 선택하고 배우는 것이다. 우리가 결정하여 두려움을 이기는 것이 진정한 용기이다."

그는 용감하지만 또한 신중했다. 결정하기 전 모든 가능성을 생각하곤 했다. "대부분 잘못은 너무 느리게 행동하기보다는 너무 빨리 행동하여 생기게 마련이다. 서두르지 말고 생각하고 분석한 후에 행동에 옮겨라." 모든 가능성을 고려하는 가장 좋은 방법은 다른 사람의 의견을 많이 듣는 것이다. 아프리카의 추장은 다른 사람의 말을 다 듣고 나서, 이를 정리하여 다듬어 통일된 안을 만들어 행동에 옮긴다고 한다. 마치 목동이 뒤에서 양떼를 한 방향으로 모는 기술과도 같다. 그는 이를 '전통적인 아프리칸 리더십'이라고 명명하고 실천하였다.

그는 "모든 인간은 인종, 계급, 성별에 관계없이 평등하다."라는 믿음을 가진 원칙론자이다. 무기수로 감옥에서 투쟁할 때, 백인 정부와 협상할 때, 협상 중에 생긴 무수한 반발과 충돌을 조절할 때마다 그가 지켜온 변함없는 원칙이었다. 그러나 이 원칙 외에는 모든 것을 유통성 있게 상황에 따라 처리하였다.

서로 상반되는 제안을 놓고 결정을 내릴 때 그는 자주 반문했다고 한다. "모두 맞지 않아? 둘 다 하면 어때?" 그는 인간과 세상사가 단순하지 않고 복잡하게 엉켜 있음을 잘 알고 있었다. 어려운 문제일수록 많은 원인이 있게 마련이고 당연히 한마디로 설명되고 해결되지 않는다. 그는 서로 상반되는 제안을 수용하고, 서로 다른 생각과 행동을 같이할 줄 아는 거인ᄐᄉ이었다.

오늘의 그가 있기까지 그의 외모도 크게 작용하였다. 큰 키에

날렵한 몸매를 가진 그는 양복을 멋있게 잘 차려입고 얼굴에는 항상 웃음을 띠었다. 전통적인 코사족의 복장을 한 그는 근엄하나 자애로운 추장의 모습이었다. 이러한 그의 외모는 흑인에게는 존경을 받고, 백인에게는 지적이고 신뢰할 수 있는 사람이라는 인상을 주었다. 그는 사회학에서 말하는 인상관리impression management의 전문가였던 것이다.

무엇보다도 만델라는 인간에 대한 신뢰를 가진 사람이었다. 인간이 근본적으로 착하다는 성선설性善說을 믿었고, 다른 사람에게서 좋은 면을 찾아내면 실제로 그 사람이 착해진다고 믿었다. 평생을 감옥에서 보낸 사람으로는 아주 의외의 생각이다. 로벤섬 수용소 시절 가장 악독한 소장이었던 바덴홀스트 대령이 이임하면서 개인적으로 행운을 기원하는 말을 듣고 만델라는 성선설을 확신했다고 한다.

만델라는 낙관적이고 따뜻한 사람이었다. 인간미에 반한 형무소 간수들은 윗사람 몰래 그에게 혜택을 주려고 했다. 아마추어 권투선수였던 그는 좁은 감방에서도 꾸준히 운동을 했고, 나중에는 형무소 뜰에서 채소와 꽃을 가꾸면서 심신을 단련하였다. 비록 무기수였지만 희망을 잃지 않았던 것이다.

그러나 가정적으로는 불행하였다. 젊어서부터 저항운동을 하느라 가족과 떨어져 지내야 했다. 어느 날 그를 오랜만에 만나 하룻밤 같이 지내자고 조르는 어린 아들에게 "나는 남아공 모든 흑인아이의 아버지다."라는 말을 남기고 눈물로 집을 떠났다고 한다. 도피 생활과 수감 생활로 첫째 부인과 헤어지고, 자신 때문에 폭력적 저항주의자가 된 둘째 부인과는 정치 노선 차이로 이혼했다. 만델라는 최근 발간한 책에서 가족에게 닥친 불행한 일들과 미안한 마음을 애절하게 고백하였다.

'자유를 향한 머나먼 여정Long Walk to Freedom'이라는 자서전 제목처럼, 그는 인간의 자유를 위해 싸워 온 역사에 남을 영웅, 과거와 현재에 있었고 앞으로 올 영웅 중의 하나이다.

다음은 그가 로벤섬형무소에서 즐겨 암송하던 영국 시인 윌리엄 헨리의 〈인빅투스Invictus〉의 마지막 구절이다. 'invictus'는 라틴어로 '굴하지 않는', '꺾이지 않는'의 뜻으로, 주위 상황은 혹독하지만 타인이 아닌 자신의 의지대로 인생을 살겠다는 내용이다. 영웅이란 다름 아닌 참된 인간인 것이다.

> It matters not how straight the gate,
> How charged with punishments the scroll,
> I am the Master of my Fate
> I am the Captain of my Soul.

> 그 문이 아무리 좁아도 상관없다.
> 명부에 형벌이 얼마나 적혀 있어도
> 나는 내 운명의 주인이요
> 나는 내 영혼의 선장이다.

3년 동안 만델라와 기거하면서 그의 인생철학에 관한 책을 집필한 리처드 스텐겔은 그 책을 다음과 같은 말로 끝내고 있다. "만델라는 어려운 시절에 우리가 지켜야 할 원칙과 가치를 보여주었다."

스텐겔의 다른 말로 나는 이 글을 끝내려고 한다. "그를 생각할 때마다 나는 평온해지고, 좀 더 합리적이고 관대한 사람이 되어 간다." 이제 만델라는 험한 이 세상에서 불교에서 말하는 좋은 인연을 널리 전파하는 신성神性을 가진 사람이 된 것이다. 우리 시대에 진정으로 필요한 영웅의 모습이다.

굿바이 미스터 칩스

학창 시절에 내가 제일 자신 없던 과목은 영어였다. 영어를 처음 배우기 시작한 중학교 1학년 때 선생님은 미국식으로 교육하여 암기를 하면 저절로 실력이 향상된다고 영어 단어와 문장 암기에 주력했고, 2학년으로 진급하니 이번 선생님은 문법 위주로 영어를 가르치는 옛 방식을 고수하였다. 암기에 게으르고 문법책은 보지도 않았던 나는 혼란스러워 했고 급기야 영어에 재미와 자신감을 잃게 되었다.

중·고등학교의 각종 시험과 대학입시에서는 국어, 영어, 수학이 가장 중요한데, 나는 다른 과목에서 얻은 점수를 영어 시험에서 까먹어 고전하곤 했다. 의대에 다닐 때도 교재의 대부분이 영어로 된 원서여서 다른 학생보다 더 많은 시간을 들여 숙독해야 내용을 파악할 수 있었다.

이런 내가 영어 시간에 재미있게 공부를 했던 적이 있다. 고등학교 3학년 영어 교과서에 〈굿바이 미스터 칩스Goodbye, Mr. Chips〉라는 영국 소설의 일부가 실려 있었고, 나는 그 이야기에 매료되었다. 선생님은 우리들에게 대학생이 되면 원서로 읽어 보라고 권유하셨다. 제임스 힐턴이 교사였던 아버지를 모델로 쓴 이 소설을, 15년이 지난 후 유럽 여행길에 런던의 한 책방에서 원서를 사서 읽어 보게 되었다.

주인공인 치핑은 대학교를 졸업한 후 사립 중·고등학교인 브룩필드에서 라틴어 교사로 시작하여 여든 살까지 평생을 이 학교에서 보낸다. 학생들은 '미스터 칩스'라는 애칭으로 부르며 그를 따른다. 그러나 칩스 선생이 처음부터 인기가 있었던 것은 아니다. 항상 진지하고 성실했지만, 고지식하고 소심한 성격인 칩스 선생은 학생들에게 아주 엄격하게 벌을 주어 규칙을 잘 지키게 하는 것이 좋은 교육이라고 생각하였다. 지금은 사용하지 않는 라틴어를 가르치며 고전古典의 세계에 사니, 시대에 더욱더 뒤떨어질 수밖에 없었다.

20년 넘게 교사 생활을 한 마흔여덟 살에 칩스 선생은 스물다섯의 활달하고 젊은 캐서린 브릿지와 사랑에 빠지게 된다. 여름 휴가철에 우연히 만난 두 사람은 서로 다른 성격과 사고방식에 매력을 느껴 급격히 가까워졌고 마침내 결혼하여 브룩필드로 함께 돌아온다.

나무인형 피노키오에 영혼을 주듯이 캐서린은 칩스 선생의 완고한 성격과 태도에 감성을 심어 준다. 딱딱한 얼굴에 미소를 주었고 말에는 유머를, 강의에는 재미와 웃음을, 대인관계에는 부드러움을 주었다. 융통성 있는 생각과 신선한 안목을 가지게 된 그는 일약 인기 있는 교사가 된다.

캐서린의 상냥한 웃음, 개방적인 성격과 신세대적인 안목은 금세 브룩필드의 모든 교직원과 학생을 사로잡았다. 또 그녀는 누구보다도 아름답고 고상하여 학생들과 함께 첼로를 연주하는 모습은 그리스 여신 같았다. 그녀는 또한 학생과 학교도 바꾸어 놓았다. 빈민촌 학교의 학생들과 축구시합을 주선하고, 사춘기이고 혈기왕성한 수백 명의 학생을 기숙사에 가두어 놓아 생기는 잡다한 문제를 긴 안목과 애정을 가지고 자연스럽게 해결하도록 했다.

그러나 칩스 선생의 꿈과 같던 생활은 2년 만에 끝난다. 캐서린이 분만 중에 사고로 첫아기와 함께 사망한 것이다. 많은 사람의 애도 속에 장례는 끝나고, 그는 다시 기숙사 사감으로 쓸쓸히 돌아간다. 세월이 흐르면서 교사와 학생들은 떠나고 새로운 사람들로 학교가 채워지면서 이제는 캐서린을 기억하는 사람은 아무도 없다. 심지어는 그가 결혼했었다는 사실도.

캐서린이 그에게 남겨준 유산은 유머스럽고 넓어진 마음이었다. 더 이상 평범한 교사가 아니라 슬픔을 극복하고 성숙해진 인격에, 따뜻한 인간미와 학생에 대한 애정과 교육에 대한 신념을 가진 진정한 교사로 거듭난 것이다. 그러나 여전히 약간은 부족하고 구식인 칩스 선생으로. 칩스 선생은 제1차 세계대전 중 인력이 부족하여 일흔 살까지 근무하면서 그의 오랜 경험과 상식을 가지고 성공적으로 학교를 이끈다.

전쟁이 끝나자 학교 건너편 하숙집에서 은퇴생활이 시작되었지만, 이미 칩스 선생은 학교의 전설적 인물이 되었다. 그의 언행과 유머는 고전이 되었다. 아니, 은퇴한 후에도 여전히 그의 신상은 모든 학생과 졸업생의 관심어린 뉴스가 되었다. 그리고 폐렴으로 자리에 눕게 된 칩스 선생은 태어나자마자 죽은 아들을 대신하는 그의 또 다른 자식인 수천 명의 브룩필드 학생들의 이름을 외우면서 행복하게 숨을 거둔다.

어떻게 보면 한 학교에서 학생을 가르치며 일생을 보낸 평범한 교사의 이야기이다. 칩스는 다른 직업을 가진 경험도 없고, 외국 문물을 접할 기회도 없었고, 특별한 스포츠나 예술을 즐기지도 못하고, 깊이 있는 학문적 소양이나 업적도 없다. 그러면 그는 일생을 별 볼일 없게 산 것인가? 아니다. 브룩필드 졸업생의 머릿속에 칩스 선생의 이름과 유머가, 가슴속에는 그의 따뜻한 미소와 애정이 남아 있다. 그들이 학창 시절을 회상할 때마다 칩스 선생이 생각나고, 사랑과 그리움을 느끼는 것이다. 세상을 떠난 뒤에도 남아 있는 이들에게 이런 영향을 미치는 사람이 얼마나 될까.

대학에서 25년 동안 학생들을 가르쳐 온 나 자신은 과연 어떤 선생님이었는지를 생각해 보게 하는 이야기이다.

아름다운 인연에 신의 축복을

대학 시절, 청나라에 살았던 풍류객 심복沈復의 자서전인 〈부생육기浮生六記〉를 재미있게 읽었다. '덧없는 인생의 여섯 이야기'란 뜻의 이 책은 예술과 자연을 사랑한 그의 일생을 여섯 장으로 나누어 기술했는데, 심복의 처인 '진운陳芸'과의 아름답고 애절한 사랑이 주요 내용을 이룬다. 이 책을 읽게 된 이유는 임어당林語堂의 책 〈생활의 발견〉에서 '운芸'을 중국 문학에서 가장 사랑스러운 여인으로 꼽았기 때문이었다.

그녀는 긴 목에 좁은 어깨를 가졌으며, 둥글게 굽은 눈썹에 눈은 감정이 풍부하고 맑았다. 열일곱 동갑의 나이로 결혼한 두 사람은 늘 그림자처럼 붙어 다녔다. 남편의 학업 때문에 신혼 초에 얼마 동안 떨어져 지낸 적이 있는데, 두 사람이 재회한 장면을 다음과 같이 쓰고 있다. "서로 손을 잡고서는 아무 말도 하지 못했다. 두 사람의 넋은 흐리멍덩하게 안개가 끼었고, 귓속에서는 조용한 소리가 울려 나왔을 뿐, 몸이 이 세상에 있는지 없는지도 느끼지 못했다."

고전 문헌과 그림에 관한 지식은 심복이 탁월했으나 예술에 대한 감수성은 운芸이 한 수 위였다. 남편은 아내를 가르치고 정보를 주면서 지적, 감성적으로 성장하는 모습에 기쁨을 느낀다. 남편은 읽어야 할 고전을 아내에게 하나하나 소개한다. 운芸은 좋아하는 시인으로 이태백을 꼽으며, 두보의 삼엄함보다는 이태백의 활발함을 배우고 싶다고 대답한다.

운芸은 섬세하고 착한 마음씨를 가졌고, 책장이 떨어진 서적이나 모가 이지러진 서화를 소중히 여기고, 구슬 장식은 오히려 하찮게 여겼다. 이런 태도로 예술에 대한 안목을 점차 키워나갔다.

그들이 살던 소주蘇州 지방에는 풍광이 수려한 곳이 많았지만 그 당시에 여자가 바깥나들이를 하기란 쉽지 않았다. 심복은 경치 감상을 좋아하는 아내를 위해 사람이 없는 청랑정滄浪亭으로 데려가기도 하고, 때로는 남장을 시켜 함께 외출하여 축제를 관람하기도 했다. 여름에 해질녘이면 산에 올라 저녁노을을 구경하고 다음과 같은 시를 지었다.

구름은 짐승이 되어 지는 해를 삼키고,
달은 활이 되어 별똥별을 튕기는구나.

두 사람은 서로 존경하면서 23년을 지냈는데, 날이 갈수록 정이 더욱 애틋해져 갔다. 예의를 지키며 존댓말로 서로를 대하고 어디서나 나란히 옆에 있었다. 칠석날 부부는 직녀에게 배례를 올리고 '영원 세세토록 부부 되어지이다'라는 도장을 두 개 만들어 왕래하는 서신에 찍기도 했다. 다음 생에서도 꼭 부부가 되고자 인간의 혼사를 담당하는 월하노인의 그림을 안방에 걸어놓고 초하루와 보름이면 소원을 빌었다.

둘은 가난했지만 마음은 풍요로웠다. 운芸은 어릴 때의 가난한 처지를 잊지 않고 허황된 꿈을 꾸지 않았다. 아내를 위해 공직을 가지려는 남편에게 "당신은 그림을 그리고 나는 수를 놓으면, 시주詩酒의 비용은 충분하다. 그렇게 된다면 비록 베옷 입고 나물국을 먹더라도 한평생 즐겁게 지낼 수 있다."라고 설득한다.

그녀의 생애 마지막 사업은 남편에게 예쁘고 멋있는 첩을 구해 주는 일이었다. 마침내 어리지만 예술 감각이 뛰어난 감원憨園이라는 기생을 찾았다. 재산이 없는 운芸은 자기 가락지를 감원에게 끼어주면서 자매처럼 심복과 함께 살자고 약속한다. 그러나 세도가가 감원을 빼앗아 가고, 운芸은 이 충격으로 지병이 악화되어 마흔한 살의 나이로 죽음을 맞게 된다.

이 책은 부부의 아름답고도 슬픈 사랑을 소박하게 이야기하여 오히려 강한 여운을 남긴다. 이 부부는 청춘남녀로 사랑을 시작했으나 점차 풍류와 예술로 사랑을 승화시켰다. 예술적 감수성이 높은 운芸을 가르치며 두 사람은 감성적, 지적으로 같이 성장하여 이상적인 예술가 부부가 된 것이다.

두 사람은 이 세상뿐 아니라 다음 세상에서도 부부 인연이 계속되기를 간절히 원했다. 직녀와 월하노인에게 제를 올리며 소원을 빌었던 효험이 있었는지 심복이 자필로 쓴 〈부생육기〉가 1877년 헌책방에서 발견되어 출판되면서 마침내 문학 속에서 두 사람은 부부로 영생하게 되었다. 심복의 소원대로 아내 '운芸'과의 이야기는 사라지지 않고 우리 마음속에 아름다운 이야기로 길이 남게 된 것이다. 더욱이 두 사람은 당대에 가지지 못했던 명성을 후세 문학계에서 얻게 되었다. 심복은 무명 풍류객에서 재야在野의 저술가와 예술가로. 운芸도 평범한 부인에서 가장 사랑스런 여인으로.

이들은 사랑하는 사람끼리 평생을 같이 지낸 행복한 부부였다. 어떤 경우는 서로 좋아하면서도 운명에 의해 헤어져 지내기도 한다. 불경에도 '사랑하는 사람과 못 만나는 괴로움'을 이야기하고 있다. 여기서 내가 들은 기막힌 사연을 하나 소개하겠다.

내 친구 중에 의대 동기인 C군이 있었다. 그는 머리가 아주 총명하고 외가 쪽 모두 공부에서 출중한 소위 'KS 집안'이었다. 어느 날 하굣길에 누추한 차림에 다리를 저는 중년 남자를 만나자, C가 외삼촌이라며 반갑게 인사하는 것 아닌가. 그 외삼촌도 서울법대를 졸업하고 공군 장교로 군에 입대했단다. 군 복무 중 연탄가스가 새어 나오는 자취방에서 얼굴과 다리에 화상을 입은 채로 발견되어 극적으로 생명은 건졌으나, 후유증으로 정신이 깨끗하지 않고 거동도 불편하다고 했다. 장래를 약속한 사람도 있었지만 여자 집안의 반대로 헤어진 후 지금까지 혼자 외롭게 지내고 있다고 했다.

35년도 더 지난 작년 겨울, 우연히 만난 C군이 나에게 들려 줄 '아름다운 이야기'가 있다고 했다. 그의 말투에 흥미를 느껴 무슨 이야기냐고 되물었다. 옛날에 하굣길에 만난 적이 있는 그 외삼촌 이야기였다. 아니, 연탄가스 사고 후 외삼촌과 헤어진 여인의 이야기였다. 다른 곳으로 시집간 그녀가 자식 둘을 출가시키고 남편과 사별한 뒤 외삼촌을 찾아왔다는 것이다. 외삼촌에 대한 남은 사랑 때문인지, 죄의식 때문인지 병든 외삼촌을 극진히 봉양하면서 몇 년을 살다가 외삼촌이 며칠 전에 돌아가셨단다.

　이 이야기를 듣고 나는 전율을 느꼈고 여러 가지 복잡한 생각과 감정이 한꺼번에 엄습해 왔다. 사고 후 눈물로 헤어질 때 두 사람의 심정은 어떠했을까? 외삼촌은 자신의 인생과 세상을 얼마나 저주했을까? 그 여자는 자기의 불행을, 외삼촌과의 인연을 얼마나 한탄했을까? 헤어지고 나서 두 사람은 지나간 사랑을 얼마나 그리워했을까? 다시 만났을 때의 희열과 감격은 어떠했을까? 잊지 못한 애인과 부부로 보낸 인생 말년에 외삼촌은 얼마나 행복했을까? 그 여자는 어떠했을까?

　불교에서 청년 싯다르타가 7년의 고행을 한 후, 보리수나무 밑에서 일주일 동안 명상에 잠기다가 해탈에 이르면서 깨달은 진리가 바로 연기론緣起論이었다고 한다. 이 세상의 모든 일이 우연은 없고 과거의 원인에 의하여 필연적으로 생긴다는 것이다. 또 오늘의 일은 미래에 다가올 일(결과)의 원인이 된다는 것이다. 그렇다면 세상만사가 운명적으로 이미 정해진 순서대로 진행되는 것일까? 그렇지 않다. 우리의 생각과 의지에 따라 행동하는 지금

일(원인)이 여러 가지 다른 결과를 낳게 된다. 우리의 생각과 결정이 미래에 아주 다른 결과로 나타나는 것이다. 즉 좋은 인연이 되기도 하고 악연이 되기도 한다.

외삼촌과 그 여자 분의 경우가 좋은 예이다. 어떤 악연에 의하여 사고로 불행하게 서로 헤어졌지만, 여자 쪽의 능동적인 생각과 의지로 두 사람은 좋은 인연으로 끝나게 되었다. 두 사람의 일생에 걸친 불행한 인연이 한쪽의 착한 생각과 행동으로 완전히 바뀌어 해피엔딩으로 끝난 것이다. 이 일은 다른 사람의 인생사에 또 다른 좋은 원인으로 작용하여 좋은 결과를 낳을 수도 있다. 다른 사람의 아름다운 원인은 우리에게도 간접적으로 좋은 인연이 된다고 믿는다. 아름다움을 느끼고 참된 것을 알아내는 신성神性과 불성佛性이 우리 속에 있기 때문이다.

아름다운 이야기의 주인공인 두 분에게 부처님의 보살핌이 계속되기를.

이 글을 쓴 다음 날 꿈에서 그 여자 분을 만났다. 나에게 대답하기를 "외삼촌을 찾아간 것은 못다 한 사랑 때문이 아니라 죄의식 때문이었다."고. 내 짐작과는 달라 실망하여 잠에서 깨어 생각해 보니, 반치매가 된 불구의 노인에게 남녀 간의 사랑보다는 죄의식과 연민을 느꼈겠다는 생각이 들었다. 하지만 연민은 인간의 감성에 높은 도덕률을 포함하고 있어서 남녀 간의 사랑보다도 훨씬 소중한 것 아닐까. 그래서 글의 마지막 문장을 다음과 같이 바꾸려고 한다.

"아름다운 이야기의 주인공인 두 분에게 신의 은총을 기원한다. 특히 지극한 연민으로 악연을 좋은 인연으로 마감한 그 여자 분께 부처님의 보살핌이 계속되기를. 그리고 이 아름다운 인연이 험한 세상에서 바다의 물결처럼 퍼져나가, 앞으로 더 많은 좋은 일들을 만들어 가기를……."

짧게 피는 꽃이 아름답다

올봄은 예년에 비해 오랫동안 춥다가 갑자기 더워지니 온갖 꽃들이 한꺼번에 피었다. 한 달 전 바라본 산에는 개나리, 목련, 진달래, 벚꽃이 화려하게 함께 피어 장관을 이루었고, 최근에는 이팝나무와 아카시아나무에 꽃이 무성하다. 이 꽃들은 순 녹색의 어린 잎사귀와 어우러져 아름다운 조화를 이루고 있다. 화창한 봄날 대학로의 마로니에 나무 아래 앉아 꽃에 대한 몇 가지 생각을 해 본다.

꽃이 피는 이유는 식물이 종족을 보전하고 번식하기 위해서다. 아름다운 꽃을 피워 나비와 벌이 알아볼 수 있게 하고, 향기와 꿀로 유혹해 이들의 도움으로 꽃가루를 옮겨 씨앗을 잉태하는 것이다.

자연은 같은 토양에서도 너무나도 다양한 색깔의 꽃을 피운다. 장미의 짙은 빨강에서부터 철쭉의 분홍, 민들레의 노랑, 라일락의 파랑, 코스모스의 보라색에 이르기까지 신기할 정도로 다양하다. 같은 토양에 뿌리를 내리고 있으면서 어떻게 이런 다양한 변화를 만들어 낼 수 있는지. 예수님 말씀대로 우리 인간은 하찮은 들꽃의 아름다움조차 흉내 낼 수 없는 모양이다.

꽃의 다양한 색상은 안토시아닌anthocyanin이라는 색소의 변화 때문인데, 이 색소는 pH에 따라 그 색깔이 달라진다. 세포액의 pH가 산성이면 붉은색, 중성이면 보라색, 알칼리성이면 파란색과 노란색이 되는 것이다. 예를 들어 어떤 꽃의 세포액 pH가 산성이면 안토시아닌이 그것에 반응해 빨간색을 나타낸다. pH의 미묘한 차이에 따라 섬세한 색상이 만들어진다. 수많은 색상 변화를 pH의 차이로 유도하는 것이다. 가능한 여러 가지 방법 중 가장 효율적이면서 다양한 색을 만드는 비법이다. 자연의 섭리는 이해하고 보면 이와 같이 단순하고 명쾌하다.

알프스산에는 높이 올라갈수록 기온이 떨어져 꽃나무가 살 수 있는 한계점이 있다고 한다. 이 지역에는 봄과 여름이 짧아 꽃이 필 수 있는 기간이 일주일이 채 안 된다. 여기에 피는 꽃들은 짧은 시간 내에 씨앗을 맺기 위해서 필사적으로 나비와 벌을 유혹해야 한다. 그 결과 꽃들이 대단히 화려해진다. 불리한 환경이 역설적으로 가장 아름다운 꽃을 만들게 하는 것이다.

이 현상은 나에게 여러 가지를 생각하게 했다. "짧게 피는 꽃은 화려하게 아름답다."라는 말은 사람에 비유하면 "미인은 박명한다."라는 우리 속담과도 통한다. 아름답고 좋은 것이 사라져 버려 상대적으로 더 아쉬워하는 심리적 착각일 수도 있겠다.

그러나 이 말은 미인이기 때문에 대접을 받고 내실을 쌓는 데 게을러져, 미모가 없어진 뒤에는 불행하게 된다는 뜻으로도 볼 수 있다. 같은 의미로 "키 큰 사람이 싱겁다."라는 말이 있다. 남자 아이들 중 몸집이 크면 쉽게 골목대장이 되어 실력을 쌓는 데 게을러져, 나중에 실속 없게 된다는 뜻이다. "실속이 없는 것이 겉은 화려하다."라는 말은 내용이 충실하지 않으니 겉모양을 화려하게 치장하는 것을 뜻한다. 이것을 구별하는 지혜를 부모나 어른들이 가르쳐야 한다.

인간과 많은 사물에서 내적인 성상과 외적인 모양새는 왜 이렇게 서로 모순을 이루고 있는 것일까? 이는 치열한 생존경쟁의 결과인지도 모르지만, 생명과 존재의 신비를 더해 주는 것만은 틀림없다.

재미있는 사실은 사람의 눈과 곤충의 눈에 비친 꽃의 색깔과 모양이 서로 다르다는 것이다. 곤충은 빛의 파장을 보는 범위가 우리보다 넓어 자외선의 영역도 볼 수 있는데, 색소가 자외선에서는 다른 색으로 보인다. 예를 들면 나비와 벌은 빨강색은 보지 못하며, 노랑은 흰색으로, 흰색은 파란색으로, 녹색과 주황은 노란색으로 본다고 한다. 또 꽃잎에는 곤충에게만 보이는 착륙 표시가 있다고 한다.

이에 따라 같은 꽃에 대한 기호가 곤충과 사람 사이에 차이가 있다. 곤충은 노란색과 짙은 색상의 꽃을 좋아해, 우리 인간이 아름답다고 느끼는 꽃과 다르다. 그러나 우리는 사람의 기호에 따라 등급을 매긴다. 한 예로, "호박꽃도 꽃이냐."라고들 하지만 나비와 꿀벌이 가장 좋아하는 호박꽃의 입장에서는 너무나 억울한 일일 게다.

이처럼 곤충을 유혹하기 위한 본래의 목적과는 다르게, 인간이 주관적으로 꽃의 아름다움을 평가하고 있는 것이다. 인간 사회에서 이런 현상은 비일비재하다. 예를 들어, 요즘 사람들은 원래 기능에 관계없이 단지 큰 눈과 높은 코, 늘씬한 몸매를 선호한다. 의학적, 생물학적으로 전혀 의미가 없는데도 말이다. 이렇게 비합리적인 일은 우리 사회에서 흔히 일어난다.

자연과 생물을 대할 때 올바르고 좋고 아름다운 것을 인간의 주관으로만 판단하지 않고, 왜 이들이 이러한 모습과 행동으로 살고 있는지를 객관적으로 탐구할 필요가 있다. 아인슈타인의 말처럼 "자연과 생명은 진리이고 하느님이 만든 법칙"이기 때문이다.

사회생물학으로 본 오빠부대

 2010년 말, 케이블 티비에서 '슈퍼스타 K2'가 인기리에 방영되었다. 노래를 잘 부르는 일반인 도전자 중에서 최고를 뽑아 가수로 데뷔시키는 프로그램으로, 우승자가 뽑힌 후에도 인기는 가라앉지 않고 있다. 출연자들의 숨은 이야기, 후일담, 앞으로의 계획 등으로 연일 후속 안타를 치고 있다. 이 프로그램이 크게 성공을 거둔 이유는 평범한 사람이 가지고 있는 신데렐라 증후군 때문이기도 하지만, 최종 남은 두 남자 후보(존박, 허각)에게 열렬한 '오빠부대'가 있었기 때문이다.
 '오빠부대'는 우리에게 아주 친숙한 현상으로, 한류를 주도하고 있는 원동력이기도 하다. 요즈음에는 중년 아주머니도 있으나 10대 여학생 같은 젊은 여성이 대부분이다. 사전에는 '오빠부대'를 '좋아하는 스타에게 열광하는 여성 팬 집단을 속되게 이르는 말'이라고 정의하였다. 여성들은 왜 남자 스타에 열광하는가? 왜 여자 스타에 열광하는 '누나부대'는 없는가?
 학교에서 의학을 배우고 가르치면서 얻은 지식과 경험 중 충격적이었던 것은, 사람이 포유동물과 생물학적으로 너무나 똑같다는 사실이다. 겉모양은 다르더라도 장기의 기본 구조와 기능이 같고, 조직이나 세포 수준으로 내려가면 거의 동일하다. 심지어 생쥐, 파리의 세포나 유전자도 인간과 거의 차이가 없다. 구조와 기능이 같으니 병의 진행 과정이나 치료법, 치료에 대한 반응 등 인간과 같은 생리 현상과 병리 현상을 보인다. 이런 이유로 의학 연구에서는 생쥐 같은 작은 동물이 유용하게 쓰인다. 이 동물들의 작은 병소를 촬영하기 위해서 5~10억 원에 달하는 고가의 마이크로 CT, MRI, PET 기기가 개발되어 쓰이고 있다.

어떤 사람이 비상식적이고 이해가 안 되는 생각이나 행동을 할 때, 나는 "만약 그 사람이 동물이라면, 이런 생각이나 행동이 본능에 의한 것이라고 설명할 수 있지 않을까?"라고 생각하곤 했다. 이러한 내용을 다루는 학문 분야가 1960년대에 미국과 영국에서 시작한 사회생물학sociobiology이다. 사회생물학에서는 인간의 사회적 행동을 생물학적 지식을 이용하여 설명한다. 즉 사회 행위의 생물학적 기반을 연구하여, 사회·문화 현상을 생물학적 차원으로 환원하는 것이다. 이때 중요한 것은 모든 생물의 가장 중요한 본능은 자손 번식, 그것도 우수한 자손의 번식이라는 원리이다. 고전적 진화 이론에 따르면 모든 생명체는 개체 간의 번식 경쟁의 결과이다.

사회생물학의 관점에서 '오빠부대'를 설명해 보자. 사람도 다른 생물과 마찬가지로 본능적으로 우수한 자손을 가지려 한다.

상대방이 우수한 형질形質(형태와 성질)을 만드는 우성 유전자를 갖고 있어야 우수한 자식을 가질 수 있다. 따라서 이러한 우수 형질의 유전자를 가진 사람에게 자연히 매력을 느끼게 된다. 예를 들면, 키가 큰 것이 우수 형질-유전자인데, 키 큰 사람과 아이를 가지면 자손은 큰 키를 가질 확률이 높아지므로 키 큰 사람을 좋아하는 것이다.

사랑에 빠져 있는 남녀는 자기의 의지로 상대방을 사랑한다고 생각하지만 실상은 이러한 원리를 따라가고 있을 뿐이다. 잘생긴 얼굴, 좋은 체격, 풍만한 가슴, 아름다운 음성 등이 외향적 우수 형질-유전자이다. 높은 지능, 좋은 감성, 굳은 의지 같은 내향적인 우수 형질-유전자도 작동을 한다.

그런데 남자와 여자는 생리적으로 성기관이 다르다. 청년기 남성은 수억 개의 정자를 매일 만들어 낸다. 반면에 가임기 여성은 한 달에 한 번 난자를 만들어 낸다. 따라서 우수한 자손을 가지기 위한 전략도 다르다. 남성의 경우 아기를 가질 기회가 많을수록 우수한 자손을 가질 확률이 높아진다. 여기서 남성의 바람기가 어느 정도 이해가 된다. 여성의 경우는 난자가 드물게 생산되고, 일단 임신이 되면 몇 년 뒤에야 다음 아이를 가질 수 있기 때문에 다른 방식을 사용해야 한다. 따라서 우수 형질-유전자를 잘 찾아야 하고, 찾으면 놓치지 않아야 한다. 남성보다 좋은 형질-유전자에 대한 갈망이 훨씬 큰 것이다.

결국 '오빠부대'는 잘생기고 노래도 잘하는 우수 형질-유전자를 갈망하는 여성의 사회생물학적 모습이다. 가임 연령의 여자,

특히 본능에 따라 행동하기 쉬운 10대에서 더 크게 작용할 것이다.

　인간을 생물학적으로 이해하는 것은 중요하다. 우리의 생각과 행동의 근저를 파악하여 올바른 판단과 해결책을 제시할 수 있기 때문이다. 그러나 인간은 문화, 교육, 의지 등이 복합적으로 작용하여, 생물적 욕구에 대해 다양하게 판단하고 자유롭게 반응하기 때문에 단순하게 일반화할 수는 없다. 양쪽을 다 아우르는 균형 있는 인식이 바람직하다.

에필로그
다시 출발점에 서서

생각해 보면 참으로 숨 가쁘게 달려온 세월이다. 밤을 새워 가면서 공부했던 수많은 날들, 젊음이 주는 열기와 낭만에 한껏 취했던 시간들, 치열하게 연구했던 나날들. 삶과 죽음을 가르는 싸움이 벌어지는 병원에서 환자를 돌보고, 의대 교수로서 후학을 가르치며, 세계 핵의학 분야에서 우리나라의 이름을 굳건히 세우는 데 매진하다 보니 어느덧 예순을 바라보게 되었다. 그동안 나름대로 열심히 살았으니 후회는 없지만 아쉬움은 남는다.

이 책에는 내가 살아오면서 의사와 의학자로서 느낀 보람과 고민, 아쉬움, 그리고 같은 길을 걷게 될 후학들에 대한 당부가 담겨 있다. 이 책이, 그리고 나의 삶이 히포크라테스를 꿈꾸는 젊은이들에게 조금이나마 도움이 되었으면 하는 바람이다. 또한 이 책은 한 길만을 고집하며 달려온 나 자신과 그 길에서 마주친 고맙고 그리운 사람들을 위한 작은 선물이기도 하다. 함께 있어 행복했고 함께해서 든든했던 그분들께 이 자리를 빌려 감사의 말을 전한다.

책을 읽다 보면 그 안에서 읽어야 할 다른 책을 만날 수 있었던 것처럼, 이 책을 마무리하면서 못다 한 이야기와, 새로 나누고 싶은 이야기로 다시 가슴이 설렌다. 그리고 후학들에게 내가 가진 열정과 노하우, 리더십을 전수하려는 생각으로 다시 마음이 뜨거워지는 것을 느낀다. 1970년대 동숭동 미라보 다리와 대학로를 걸으며 했던 학문과 독서에 대한 다짐을 떠올리며 나는 다시 출발점에 서서 새로운 시작을 준비한다.

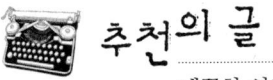
추천의 글
깨끗한 영혼의 상념

조맹제

(서울대학교 의과대학 정신과학교실 교수)

한마디로 맑고 투명하다. '정준기'란 사람 그 자체가 그러하고 그의 글 모음도 그대로이다. 그에게 유명한 의사니 핵의학자니 하는 호칭은 오히려 세속적 옷일 뿐이다. 30년을 가깝게 지내 오면서 언제나 한결같아 상대방을 당황하게 하는 일도 결코 없다. 그의 말, 그의 태도는 있는 그대로의 표현이기 때문이다. 그의 밝고 투명한 마음이 엮은 이 글들은 한 시대를 살아온 우리들의 모습이기도 하고, 그가 쓴 글의 행간에서는 인간 삶의 원형적 근저를 음미해 볼 수 있다.

어디 변변한 지면에 글 한 편 올려본 적 없는 내가 선뜻 추천의 글 청탁에 응한 것은 그의 깨끗한 영혼의 상념에 대한 깊은 신뢰에서 우러난 조건 반사였다.

대학생이 된 이후의 정 교수와 나의 생활 테두리는 한두 해 시차만 있을 뿐 거의 똑같다. 그런데 이 글 모음을 읽어가면서 삶의 겉모습은 유사하지만 그 이면에는 큰 차이가 있음을 알았다. 그는 나보다 몇 배는 더 깨어 있었고 훨씬 더 많이 느끼며 살고 있었다. 의대 시절에는 정신과학을 전공하려는 생각도 있었단다. 그래서인지 30년 이상을 정신과 의사로 살아온 나보다 인간 내면에 대한 성찰이 훨씬 더 깊다. 같은 교정에서 같은 세월을 지내왔는데 언제 그렇게 폭넓은 경험과 인적 유대 관계를 쌓아 왔는지 놀라지 않을 수 없다. 평소 그는 말을 하는 편이기보다는 남의 말을 경청하는 타입이다. 말은 허공에 사라져 진위가 애매할 수도 있으나 글은 저자의 인성과 품격을 그대로 전달해 준다. 그의 인간적 폭과 품위가 엮어낸 이 수필들은 의학이나 의료 현장을 뛰어넘어 삶의 본질에 접근하고 있다.

학창 시절부터의 엄청난 독서량에서 우러난 이 단상들을 하나씩 펼치다 보면 독자들은 어느새 아무런 거리낌 없이 흐르는 물처럼 읽어가게 될 것이다. 그가 젊은 시절 애독한 에리히 프롬의 〈자유에서의 도피〉에서처럼 '안정'과 '자유'는 선택이 아님을 읽을 수 있다. 그와 그의 글 속에는 이 둘이 조화롭게 녹아들어 통합으로 승화되고 있다.

정준기 교수의 글은 한 사람의 교수, 의학자의 글을 넘어서서 무섭게 변화하는 사회 속에서 황량해지는 현대인의 삶에 한 줄기 위안으로 다가온다. 인쇄물의 홍수 속에서 책다운 책을 찾기가 참으로 어려운 요즘, 그래서 이 책이 더 반갑다. 내 지도 학생들에게 권하는 필독서 리스트에 이 책 한 권이 추가되었다. 그들이 앞길을 헤쳐 나갈 때 좋은 나침반이 될 것으로 확신한다.

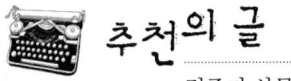
추천의 글
정준기 산문집에 부쳐

조광현
(서울대학교 의과대학 피부과학교실 교수)

정준기 교수가 글을 모아 수필집을 발간한다니 40여 년 동안 친구로서 함께 지내 온 시간을 회상하게 된다. 1971년에 같이 서울대학교 문리대 의예과에 입학해서 6년 동안 대학생활을 같이 했고 비록 과는 달랐지만 같은 시기에 서울대학교병원에서 전공의 생활을 했고, 국군서울지구병원에서 같이 지냈고 제대 후에는 같은 날 서울대학교 의과대학 교수로 발령을 받아서 오늘에 이르렀으니 정말 가까운 친구이다.

우리가 레지던트를 시작할 때는 서울대학교병원이 신축 병원으로 이전하기 전이었는데, 당시에는 피부과 의국이 동위원소실과 같은 건물에 있었기 때문에 바쁜 가운데서도 자주 만날 수 있었다. 동위원소실의 활동은 무척 활발해서 속으로 많이 부러워했던 기억이 난다. 내가 곁에서 지켜본 바에 의하면 핵의학은 그야말로 해를 거듭하면서 눈부시게 발전해 왔고 그 중심에 그가 있었다. 마침내 세계핵의학회가 서울에서 열리게 되었을 때, 정교수는 사무총장으로 일했고 여러 국제적인 핵의학 기구에서도 중요한 책임을 맡기도 하였다. 또한 학문적인 공로도 인정을 받아 이름 있는 상도 여러 개 수상하였다.

이렇게 활약하는 모습뿐 아니라 또 고창순 선생님과의 각별한 사이도 부러웠다. 제대 후에 취직자리를 고를 때도 "다음에 서울대로 오기 쉬운 국립의료원으로 가라."라는 고창순 교수님의 말씀대로 국립의료원에 취직하는 그를 보면서 제자의 앞날을 일일이 챙겨 주시는 선생님이 있어 부러웠다.

정준기 교수는 늘 나를 도와주었다. 비교적 내성적인 성격에 비사교적인 나를, 모임이 있을 때면 끼게 해 주었고 어려운 일이 있을 때면 발 벗고 나서서 도와주었다. 교수가 되어서 연구비 걱정을 할 때도 동위원소를 이용한 피부과학 연구가 있으면 도와주겠다고 늘 말하곤 했다.

중국 춘추시대 때의 사람인 관중管仲이 "나를 낳아준 사람은 어버이지만, 나를 알아준 이는 포숙鮑叔이었다."라고 말했다는 이야기가 있는데, 나는 정준기 교수가 내게 그런 사람이라고 감히 말할 수 있다.

최근에 그가 의학전문지에 칼럼을 쓰게 되면서 글쓰기에 재미를 붙였다. 그에게 책을 내보라고 권했는데 정말 그럴 만큼의 글을 쓰게 되었다. 40년 동안 거의 같은 길을 걸어온 벗이 지금까지 살아온 삶을 풍부하게 느끼며 진솔하게 적어 놓은 글들은 새삼스레 나 자신을 되돌아보게 한다.